양동휴의 경제사 산책

양동휴의 경제사 산책

양동휴 지음

일조각

책 머리에

이 책은 2006년 2월부터 9월까지 『한국경제신문』의 '경제교실'에 「양동휴 교수의 경제사 산책」이란 제목으로 연재한 원고를 모은 것이다. 애초에 일간 경제신문을 읽는 독자를 상대로 한 칼럼이므로 독자의 관심, 시사성, 경제사와 현 우리 상황과의 관련, 역사가 현재에 남겨주는 교훈 등을 염두에 두어야 했다. 그런데 쓰다 보니 결국 자연스럽게 근대 경제사의 주요 주제를 거의 전부 다룬 셈이 되어 이를 모아 책으로 내게 되었다. 그러므로 꼭 경제신문 독자만이 아니라 책을 많이 읽는 고등학생, 대학생, 일반인들에게도 교양 수준의 경제사적 지식을 얻는 데 도움이 될 수 있을 것으로 생각한다. 일련의 글이 각각 자기완결적이 되도록 씌어졌기 때문에 첫 장부터, 혹은 역순으로 읽어도 좋고 독자의 필요에 따라 특정 주제를 골라 읽어도 무방할 것이다. 또한 적절한 추가 설명을 전제로 한다면 대학 교재로도 사용 가능하리라 믿는다.

신문에 연재할 때는 마셜플랜에서 시작하여 거꾸로 16세기까지 거슬러 올라오는 순서였다. 칼럼이 나중에는 시의성을 다소 잃는 면이 없지는 않았으나 여하튼 이를 연대순으로 배열하고 내용을 좀 더 보완하니 자본주의의 역사를 간단하게나마 섭렵하는 모양이 갖춰지게 되었다. 책은 신문의 지면제약에서 벗어나 내용을 좀 더 보완할 수 있는 만큼 모든 글이 신문에 게재되었던 것보다 더 길어졌고 또한 신문에서는 다루지 않았던 '세계 대공황'에 관한 글도 새로이 첨부했다.

왜 서양경제사만을 다루었는가. 그것은 이 책이 동양의 '자본주의'는 토착적 특성이 전혀 없다고는 할 수 없지만 근본적으로 서양에서 이식된 것이라는 인식에서 출발하기 때문이다. 얼핏 경제사의 직접적인 주제가 아닌 듯 보이는 절대왕정 같은 것을 다룬 이유도 그것이 자체 추진력으로써 자본주의를 발전시킨 유럽의 독자적인 역사현상이자 이와 직결된다고 보는 데 있다. 개정판을 낼 기회가 주어진다면 공간적으로 동양을, 시간적으로 중세를 포함하게끔 책의 내용을 확대하고 싶다.

글을 고치는 데는 신문 연재를 계속 읽고 써 보내 준 삼성경제연구소 강성원 박사의 자세한 소감이 유용했다. 또한 신문원고를 쓸 때부터 문장을 가감 첨삭하고 난해한 내용을 쉬운 말로 풀어 쓰려고 노력한 아내 김영완 박사가 이 책에 기여한 바가 매우 크다. 그녀는 19세기 이후의 주제들에 관해서는 가능한 한 일반 독자가 이해하기 쉬운 설명방식을 찾고자 애를 많이 썼고, 18세기 이전의 주제를 다룰 때는 자신이 직접적으로 관여하기도 했다. 책을 김영완, 양동휴 공저로 표기해야 할 것 같은 느낌마저 들 정도다. 원고가 신문에 실리기 전에 미리 꼼꼼히 읽고 이와 관련된 사진, 표, 그림 등이 정확히 조화될 수 있도록 많은 노력을 아끼지 않은 한국경제신문사 이익원 차장께 정말 고마운 말씀을 전한다. 글을 초고부터 검토하고 수정방향에 대한 의견 제시, 소제목 부여, 원고마감 독촉 등으로 책을 만드는 데 큰 도움을 준 일조각 김시연 사장과 편집진에 감사드린다.

2007. 8.
반포 남동서실에서
양 동 휴

차례

제1장 · · ·

기계시계와 시간

정밀기계 사용 · 노동분화 등 제조업에 혁명적 변화

인간은 본래 자연의 흐름에 따라 살며 자연의 순환은 인간의 생체 리듬에 기억되어 있다. 이렇게 기억된 생체 리듬은 사회적 노동 패턴과 조화를 이룬다. 모든 사람이 자연의 흐름에 따르는 삶을 신의 섭리로 받아들이던 어느 시점에 인위적인 시계가 인간의 삶에 침투하고 시간 개념이 형성되며 발전한 것은 인류사에 중요한 사건이 아닐 수 없다. 고대 로마 사람들은 자연에 가장 가까운 해시계조차도 신의 저주로 생각할 정도였다고 하는데, 만일 그들이 기계시계mechanical clock를 보았다면 어떠했을까?

AD 700~1000년에 아랍인은 하루의 낮 길이가 변하는 것은 지구가 타원형 궤도로 움직일 때 계절에 따라 달라지는 지구-태양 간의 거리 때문임을 알았다고 한다. 중앙아메리카의 마야인이나 중국인들도 일찍부터 이론적으로는 시간 개념을 알았다. 이에 반해 유럽인은 시간에 관한 지식을 실제로 활용했다. 장기적 · 단기적인 시간측정, 그리고 정확한 시간 탐지능력이 인간의 생활과 일에 침투하고 이를 받아들이기 시작한 것은 기계시계가 최초로 발명된 중세 유럽에서였다.

기계시계는 중세 이탈리아 도시의 성이나 교회에 맨 처음 설치되기 시작하여 1330년대부터 서유럽에 퍼졌다. 이것은 인류 역사상 대발명 가운데 하나로서 문화적 가치, 기술의 변화, 사회적 · 정치적 조직, 인간의 성향 등에까지 획기적인 영향을 미쳤다. 나아가 기계시계는 대포, 인쇄술과 함께 유럽이 다른 문명을 능가할 유리한 고지를 확보하게 했다.

자체 동력공급원 사용

시계란 본래 '종'을 뜻한다. 종은 중세유럽의 수도원에서 기도문을 낭송하는 때를 알렸다. 또한 수도원 근처의 농촌생활도 이에 따라 움직였다. 농촌의 일상생활에서 시간 측정은 '해 뜰 때' 혹은 '해 질 때' 식으로, 자연의 리듬에 따라 이루어졌다. 이를테면 "동창이 밝아 오고 노고지리 우지지면 소치는 아이는 일어나 소를 몰고 들녘에 나가 재 너머 사래 긴 밭을 갈았다." 그 이상으로 엄격하게 시간을 분간하는 일은 필요하지 않았다.

그러나 상업이 활발해지고 이에 따라 도시가 발달하다 보면 도시인에게는 하루의 시간을 엄밀히 측정하는 것이 점점 필요하게 된다. 도시생활을 하려면 시간표현에 관한 의사소통을 할 수 있게 하는 도구가 보편

굴대와 평형바퀴를 갖춘 알람시계. 1450년경에 만들어진 시계지만 이것보다 100여 년 이전의 것도 이와 유사한 것으로 추정된다.

화되어야 한다. 또한 시간이 무엇인지를 안다는 것은 이를 지키는 것과 관련되므로 시간을 표시하는 것 자체가 사실상 일종의 규율이다. 일상생활에서 몇 분 정도의 오차는 허용될 수 있지만, 천문학 같은 분야에서는 시간, 분 수준의 측정만으로는 어림도 없는 일이다. 천문학이야말로 정확한 시간측정이 가장 필요한 분야이다. 그래서 천문학은 언제나 시간측정의 정확도를 개선하는 선두주자였다.

17세기에는 추시계가 발명되어 시계의 오차 값이 하루에 1분으로, 18세기에는 몇 분의 1초 이내로, 19세기 말에는 몇 백분의 1초 미만으로 줄었다. 이 단계의 정확도는 인간이 시간을 측정하는 최종기준으로 삼던 지구의 운동 자체가 불규칙하다는 것을 알아낼 정도였다. 20세기에 수정시계와 원자시계가 도입되자 과학자들은 이제 천체의 움직임에 의존하여 시간을 측정하는 방식을 포기하고 90억 번 이상의 매우 빠른 진동수로 정해진 초를 기본 시간단위로 설정했다. 이후 시간측정의 기초는 천체역학에서 양자역학으로 이동했으며, 달력을 인간의 시간경험에 맞추어 만들기 위해 윤일閏日이 아니라 윤초leap second를 끼워 넣어야 할 정도가 되었다. 또한 스톱워치stop watch는 천문대의 표준시계와 달라서 특정 종류의 오차를 제거하는 기능은 필요하지 않지만, 시계를 사용하는 사람의 뜻대로 시계를 정확하게 작동시키고 멈추게 할 수 있어야 한다. 이 과정의 오차를 줄이는 수준도 날로 발전해 왔다.

최초의 기계시계가 인간생활에서 혁명적인 발명이었다고 할 근거는 그것이 지닌 거대한 기술 잠재력에 있다. 이를테면 훗날 추가 아닌 태엽으로 시계를 움직이는 법이 터득되면서 시계는 휴대용으로 축소될 수 있었다. 이에 따라 사람마다 시계를 두루 이용할 수 있게 되자 인간사회에 시간규율이 통용될 기초가 더욱 확고해졌다. 기계시계가 도입되면서 한 문명이 시간의 경과, 나아가 생산성과 성취 등에 관심을 갖는 것이 가능하게 되었다.

그러므로 이에는 기술혁신의 기술적 성격을 규명하는 것이 필요하다. 첫째, 기계시계는 물시계나 해시계처럼 자연조건에 구애받지 않고 추로 작동한다. 추가 보조장치로서가 아니라 시계 자체에 동력을 공급하는 것으로서 쓰이게 된 것은 기계시계가 최초였다. 추는 자연조건에 구애받지 않고 지속적으로 움직일 수 있기 때문에, 이러한 추의 지속적인 힘은 시간을 정확하게 측정하는 데 필수조건이었다.

둘째, 기계시계는 떨어지는 추의 에너지를 바퀴와 톱니gear train를 이용하여 전달했다. 고대인도 이러한 기어트레인을 알았고 이것이 물시계 부속으로 쓰이기도 했다. 그러나 시간을 측정하는 일 자체가 바퀴 작동으로 이루어지게 된 것은 기계시계가 최초였다. 기어트레인을 씀으로써 동력원이 나머지와 단단히 연결되어 에너지가 더 효율적으로 전달되었다. 뿐만 아니라 측정된 시간도 정확하게 숫자로 표시되었다. 기계의 단속적斷續的인 움직임으로써 연속적인 시간을 측정한 것이다.

셋째, 시간의 흐름을 측정하기 위해 진동振動을 이용한 것이야말로 대발명이라 할 만했다. 그 자체로서 지속적이고 고르며 한 방향으로 흐르는 시간을 또 다른 지속적이고 고르며 한 방향으로 흐르는 현상으로써 측정하는 것은 물시계와 해시계로도 가능했다. 그런데 시간을 지속적으로 측정하기 위해 언제나 지속적이고 고르게 움직이는 무엇인가를 유지하는 것이 불가능했으므로 특정 종류의 진동의 반복과 그 반복된 진동의 수를 계산하는 것, 즉 균등하게 분리된 부분을 종합digital principle하는 것이 정확한 측정을 얻는 비결이었다. 일반적으로 진동속도가 빠르고 분할이 세분될수록 측정값의 정확도가 컸다.

최초의 기계시계는 이 모든 것의 원형을 담고 있었다. 이후 시계는 모두 진동하는 디지털 원리에 기초하여 만들어진 것이다. 기계시계의 제동-이완, 정지-운행 메커니즘은 시간을 진동으로 분할하고 지나가는 순간을 세서 이를 시간의 단위로 바꿔 표현하게 한 것이다. 또한 이렇게 센 것을 트레인을 제동-이완시켜 보거나 듣는 표시로 바꿨다. 이 메커니즘은 제동-이완을 거듭하며 그것의 주요 동인인 추나 스프링의 에너지를 보존하고 공급했다. 그리고 이러한 여러 기능이 이리저리 결합하여 시간측정의 개선이 이루어질 씨앗을 뿌렸다.

생활 · 노동력의 성격 변질

기계시계는 정밀도와 가격 면에서 새로 발명된 수정 제어기(쿼츠)시계에 압도당할 때까지 약 700년간 우세했다. 시계는 그 자체로서뿐만 아니라 자전거와 자동차 등 다른 제조업 분야에 미친 영향으로서도 중요했다. 자연의 흐름에 순응하던 인간의 생활과 노동의 성격을 변질시키는 데 시계만큼 결정적인 역할을 한 것도 드물 것이다. 그리고 이 기계기술이야말로 정밀기계의 사용과 노동 분화의 이점에 관해 그 어느 생산부문보다도 더 많은 것을 가르쳐 주었다. 몇 세기를 거치면서 시계 제조업의 중심은 이탈리아에서 독일로, 프랑스로, 영국과 제네바로, 스위스 쥐라Jura로 이동했다. 반도체를 이용한 기술의 거장은 미국과 일본이었다.

저임금으로 생산이 가능한 추적자들도 증가했다. 디자인은 수출될 수 있다. 상대적으로 숙련이 중요하지 않게 되는 생산조건도 조성되었고 조립도 어디에서든지 가능하게 되었다. 시계가 있으면 누군가 태엽을 감는다. 또 다른 누군가는 이를 통제하리라.

제2장 · · ·

가격혁명과 물가의 역사

경상수지 · 재정 적자 물가상승 부추겨

'가격혁명' 은 16세기 신대륙에서 귀금속이 대거 유입된 후 유럽의 물가가 장기간 대폭 상승한 것을 말한다. 얼마나 올랐기에 '혁명' 인가? 100년간(1520~1620) 스페인과 영국의 곡물가격이 약 3.5배 올랐다(연평균 상승률 1.3%). 우리나라의 소비자 물가가 40년간(1965~2005) 28.5배 상승(연율 8.7%)한 것에 비하면 약소하지만 당시 기준으로는 획기적이었다. 처음 겪은 인플레이션이니만큼 그 파급효과가 매우 컸다.

요즘에는 지속적인 물가상승을 자연스럽게 생각한다. 그러나 20세기 후반 이전까지 물가추이는 완만한 하락세였다. 지속적인 상승은 장기 호황기에 있었다. 장기 파동을 보면, 호황 국면에는 상공업이 번성하는 동시에 인구증가, 도시화, 물가상승도 함께 나타난다. 13세기, 16세기,

18세기가 그러한 상승 국면이다. 19세기와 20세기 후반도 상승 국면이지만 19세기에는 예외적으로 물가가 하락했다. 경제 전반에 걸쳐 기술이 진보하고 생산성이 높아진 덕분에 생산비가 하락했기 때문이다. 요즘 컴퓨터 등 정보통신 상품의 가격 하락을 생각하면 이해가 될 것이다.

반대로 경제가 좋지 않을 때 인구 정체, 인구이동의 감소, 상공업 침체와 함께 물가도 하락한다. 1930년대 세계 대공황기의 급격한 물가하락이 대표적 예다. 20세기 후반 물가상승률이 비교적 높은 것에는 원자재 가격 상승 같은 이례적 요인도 작용했다. 그러나 여러 제도변화에 따라 금융시장, 노동시장의 유연성이 떨어졌고 물가의 하방경직성이 높아졌기 때문이다. 물가상승에 대한 기대형성이 복잡해진 영향도 있다.

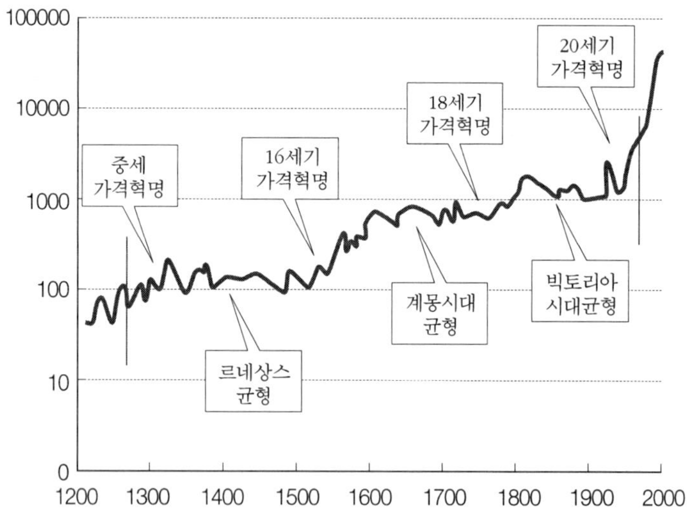

자료: Fischer(1996)

〈그림 1〉 영국의 소비자물가(1451～1475=100)

초인플레이션도 있다. 초인플레이션이란 장기 호황기에 통상적으로 나타나는 물가상승의 정도를 훨씬 넘어 매달 상승률이 50%씩 적어도 1년간 지속되는 현상을 말한다. 초인플레이션의 몇몇 예로는, 고대 로마의 디오클레티안 황제Diocletian(r. 284~305) 시절에 통화 남발과 그로 인한 화폐가치 급락, 프랑스 대혁명(1798) 당시 혁명 정부가 몰수한 교회 재산을 담보로 무분별하게 통화(아시냐assignat)를 발행하여 이 '아시냐'가 휴지조각이 된 일, 1923년 독일, 오스트리아, 헝가리, 폴란드, 러시아의 초인플레이션, 1970년대 남미와 1980년대 일부 구동구권의 인플레이션 경험 등을 들 수 있다. 이들에게는 극심해진 재정적자 또는 경상수지 적자를 해결하려는 정부의 시도에서 통화 팽창이 발생했다는 공통점이 있다. 이럴 때에는 결국 화폐경제 전반이 교란된다. 그리고 체제변화와 제도개혁을 통해 경제가 정상으로 복구된 후에도 통화 신인도에 대한 불안이 오래 지속된다. 뿐만 아니라 단기에 통화가치가 붕괴됨에 따라 채권채무 관계가 소멸되어 버린다. 1923년 독일의 초인플레이션은 채권자의 손실이 엄청난 반면, 다른 한편으로 금융채무가 탕감된 기업은 실물자산을 기반으로 투자, 생산, 고용 및 소득 증대에 기여할 기회를 얻었다.

금 대거유입이 인플레이션 유발

장기적인 물가변동도, 초인플레이션 때의 수준만큼은 아니지만, 채권자-채무자 간에 부와 소득 재분배를 수반한다. 즉, 빚진 자가 이득을 본다. 또한 화폐경제의 불안요인을 증폭시킨다. 그리고 상대가격의 변화가 동반되면 투기를 조장할 수 있다. 세르반테스Miguel de Cervantes(1547~1616)의 『돈키호테』*Don Quixote*는 이러한 상황을 풍자한 대표적 예다. 16세기 가격혁명 때에는 경기상승 국면에서 금 · 은 유입이 가세해 물가가 올랐다. 스페인에 유입된 귀금속은 유럽 각국과 중국으로 이전되어 그 파급효과가 전세계에 미쳤다.

인구증가도 물가상승의 원인이 된다. 인구압력이 생길 때 상대적으로 곡물공급이 부족해져서 가격이 오르고 이에 따라 물가가 올랐다.

가격혁명의 결과 중에는 아직까지도 논란 중인 가설이 있다. 즉, 임금상승이 물가상승보다 뒤져서 실질임금이 하락했고, 그래서 이윤 몫이 커져 자본축적이 이루어졌으며, 이로써 자본제적 성장이 이루어졌다는 것이다. 16세기 스페인에서는 물가와 임금이 동반상승하는데 투자가

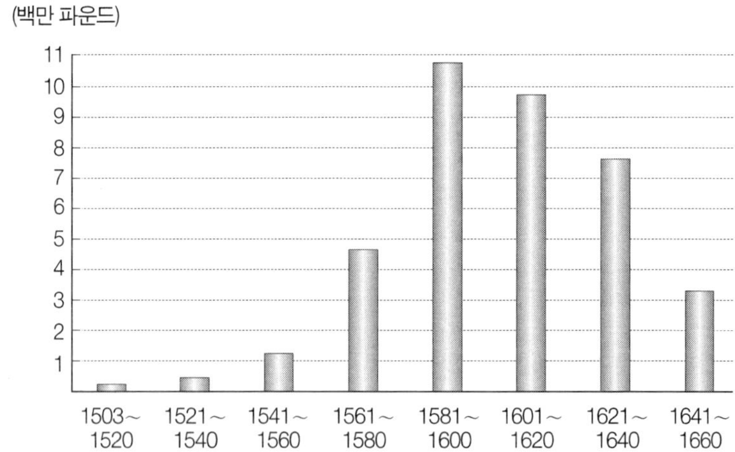

자료: E.J. Hamilton(1965)

〈그림 2〉 아메리카에서 스페인에 유입된 금과 은(1503~1660)

생산적으로 이루어지지 않아 기업활동이 위축되었다. 그리고 서비스 부문만 과잉팽창하면서 경제가 쇠퇴했다. 반면 17세기 영국은, 당시 도시에서 일하던 목수의 임금과 곡물가격을 비교한 자료에서도 나타났듯이, 실질임금이 급격히 하락했다. 이는 아마도 농공 교역조건의 차이가 반영된 때문이겠으나, 그 시기에 자본축적이 있었다면 그것은 지주나 자영농이 이득을 보았음을 뜻한다. 이는 그 무렵 농민의 관습적 소작권이나 공동경작지 이용권 등을 폐지하고 근대적 토지소유권을 확립하려는 인클로저enclosure 운동이 팽배한 것과도 무관하지 않을 것이다. 이처럼 16세기의 가격혁명이 영국에서는 지주, 대규모 차지농, 자영농 등이 번영하고 농업 부문에서 임금노동자층이 출현하는 등, 17~18세기 영국에서 농업 자본주의가 발달하는 과정과 연결된다.

무리한 물가억제, 부작용 낳아

인플레이션은 종종 사회적 약자에게 불리하게 작용한다. 사회주의 국가 또는 전시경제에서는 물가통제를 시도한다. 이는 종종 상대가격의 통제를 수반한다. 물론 자본주의 사회에도 분배와 화폐경제의 신뢰도를 위해 물가안정이 중요하다. 하지만 어느 경우든 경기 국면을 감안한 공급 측의 조절, 장기적으로는 생산성이 향상되는 쪽으로 이루어지는 것이 바람직하다. 실물 시장경제의 상태를 무시한 무리한 물가억제, 특히 상대가격 통제(예를 들어 특정 지역의 부동산 가격만을 통제하는 일)는 부작용만 낳는다.

제3장 • • •

절대왕정

국부 증대 위해 상공인을 적극 지원

프랑스의 왕 루이 14세Louis XIV(r. 1643~1715)는 "짐이 곧 국가다L' etat, c' est moi!."란 말을 했다고 한다. 역사상 대표적인 절대군주의 발언이자 유럽의 절대왕정을 단적으로 상징하는 표현이다. 절대왕정은 16세기 후반~18세기 초 유럽 각 지역에서 시기적으로 약간씩 차이를 두고 등장한 정치체제다. 이것은 중세 봉건시대 이래 권력의 분산 상태를 극복하면서 왕을 중심으로 한 중앙집권화와 국가통일 과정에서 탄생했으며 근대 국민국가nation-state의 초기 단계에 해당한다고 볼 수 있다. 이를 경제사적으로 살펴보자.

이 시기에 황금기를 누린 네덜란드를 제외하고 유럽은 전반적으로 기후변화 등의 요인 때문에 농업작황이 나빠지고, 제조업도 침체에 빠지는 '불황기'였다. 정치적으로도 전쟁과 농민반란 등이 빈발하는 위기의 시기였다. 이에 각국의 왕들은 중세 이래 자신의 영토 내에서 강력했던 집단, 혹은 왕권을 제약하는 각종 제약에서 벗어나고자 노력을 경주했다. 그리하여 특정 지역이나 특정 집단이 누리던 자유를 폐지하고 종교적 분파를 일소해 갔다. 또한 영국, 프랑스, 스페인의 왕들은 자기 영토 내의 신민의 충성을 확보하고, 범죄를 다스리는 법을 제정하여 행사하는 등 국가의 기틀을 다졌다. 새로운 관료제를 만들고, 나라의 경제를 군주의 이해관계에 맞도록 조정하면서 왕이 국내의 어느 누구보다도 더 강력해지기 위한 다방면의 노력을 했다. 물론 이러한 노력이 성공한 정도와 시기(즉, 각국에서 절대왕정이 성립하는 시기)는 나라마다 조금씩 달랐다.

왕권을 강화하기 위해서는 왕이 자신에게 전적으로 종속된 관료제를 창출하는 것이 필수적이었다. 일반적으로 절대왕정 시기에 새로이 충원된 관료는 직책에 따라 보수를 받았고 해고가 가능했으며 전적으로 왕에게 봉사한다는 점에서 세습 봉건귀족과 달랐다. 관료제는 상업이 쇠퇴하여 화폐가 사라지고 토지 형태의 부富만이 압도적이던 중세 때는 존속할 수 없던 제도였다. 중세 말 이래 상업이 다시 일어나면서 이와 함께 화폐유통이 활발해지고 봉급을 주는 일이 가능해지면서 도입되기 시작했다.

절대왕정이 성립하는 시기에 왕이 관료를 충원하는 방식은 매관제, 즉 관직을 돈으로 사고파는 방식이었다. 왕은 이로써 자신에게 복종하는 관리와 재정을 동시에 확보했다. 다른 한편으로 이 제도는 관리에 대한 국가지출을 늘게 하고, 관리는 재직기간 중에 직위를 이용해, 관직을

루이 14세가 짓도록 한 베르사유 궁전. 짓는 데 25년 걸렸으며, 궁정 유지비로 프랑스에서 걷힌 세금의 반 이상이 소요되었다고 함.

살 때 들인 값보다 더 많은 이득을 취하고자 하여 문제점도 많았다.

관료의 충원배경은 다양했다. 프랑스에서는 때때로 중산층 출신이 기용되었고 스페인과 동유럽에서는 귀족이 관료가 되었다. 이 시기에는 군주, 귀족, 관료 엘리트가 뒤얽히게 되었다.

절대왕정이 성공하기 위한 열쇠는 곧 재정문제를 해결하는 것이었다. 이를 위해 새로 등용된 관료는 왕의 이해관계에 맞도록 국세징수 등 세입증대를 통해 전쟁비용을 조달하고 재정을 운용했다. 이때 자의적인 조세징수에 대한 저항도 많았다. 프랑스에서 절대왕정 시대에 왕권 강화와 국력증진을 목표로 활약한 대표적 관료가 리슐리외Cardinal Richelieu, Armand Jean du Plessis(1585~1642), 마자랭Jules Mazarin(1602~1661), 콜베르Jean Baptiste Colbert(1619~1683) 등이다.

로마법의 '무제한소유 개념' 수용

한편, 왕권이 강화되고 유지되려면 왕이 군사력을 독점하는 것이 필수였다. 중세의 군대는 봉건귀족이 개별적인 전투를 위해 양성했고 전투가 끝나면 해체되었다. 17세기에 절대군주에게 소속된 군대는 전시는 물론 평화시에도 유지되었다. 왕권 보호에 유용한 이 상비군은 주로 유럽의 후진 지역이나 하층계급에서 충원된 용병mercenary이었다. 또한 유랑민이 일부 용병으로 흡수됨으로써 사회질서를 유지하는 데에도 도움이 되었다. 상비군 제도가 도입되면서 국내 군수물자 공업이 발달하고 이것이 다시 상공업을 자극하기도 했다.

로마법이 부활하여 발달한 것도 절대왕정기의 주요 특징이다. 경제적 측면에서 절대적·무제한적 소유 개념을 토대로 하는 로마법은 소유권 개념이 별로 알려져 있지 않고 상급자에 대한 충성을 조건으로 토지를 보유하는 것이 지배적이던 중세 때에는 사장死藏될 수밖에 없었다. 그러나 절대왕정 시대에는 로마법이 적극 수용되어 당시 성장하는 상품화폐 경제에 도움이 되었다. 정치면에서 로마법에 담긴 정치적 절대권imperium 개념은 왕의 왕권 강화 노력에 기여했다.

절대왕정이 유지되기 위해서는 정통성legitimacy이 창출되어야 했다. 왕을 비롯한 소수 권력자 집단이 그보다 광범한 유력층에게 그 체제가 합의된 가치기반 위에서 형성되어 기능한다는 것, 체제가 그들의 이해관계를 보호해 주고 계속 존속하리라는 것을 설득할 수 있을 때, 왕권은 정통성을 인정받았다. 왕의 권위에 정통성을 부여하는 이데올로기가 곧 왕권신수설이다. 왕권신수설이란 절대군주의 정치는 신에게만 책임을 지며 주권이 왕에게서 구체화되고 왕이 법을 만든다는 것이다. 그런데 절대왕정의 '절대'absolute의 의미는 왕권이 봉건시대에 권력이 분산되었던 상태 때보다는 강했다는 뜻으로, 예를 들어 20세기 전체주의 국가가 지닌 강력한 권력과는 다른 의미였다. 절대왕정의 정통성은 항구적인 것이 아니라 왕과 소수 근간根幹계층 간에 이루어지는 끊임없는 타협의 산물이었다. 즉, 국가에서 정책상의 충돌이 발생했을 때 왕권이 국가 내의 다른 어느 세력보다도 우위를 지키는 한, 왕권은 절대적이었다.

신민臣民의 동질화 문제, 즉 왕의 영토 내에 거주하는 사람들이 문화적으로 동질집단이 되는가의 여부도 왕권 강화에 영향을 미쳤다. 예를 들어 스페인과 프랑스의 군주들은 통치영역 내에서 주류였던 가톨릭에 대한 통제를 확보했다. 영국의 군주와 독일의 일부 공국의 군주들은 영토 내에 국교회를 세웠다. 이 시대 사람들의 사고에는 종교적인 통합이 강력한 국가를 이루는 데 필수적이라는 생각이 있었기 때문에 국가가 탄생하는 과정에서 이민족이나 이교도는 끊임없이 박해받거나 추방당했다.

절대왕정은 국력과 국부를 증대시키기 위해 중상주의mercantilism 정책을 폈다. 가장 전형적인 중상주의 정책을 수행한 관료가 프랑스의 콜베르다. 부유한 상인 가문 출신인 콜베르는 재상직에 올라 프랑스를 강력한 나라로 만들기 위해 상업활동에 적극 개입했다. 콜베르는 프랑스가 나라에 필요한 모든 것을 자체적으로 생산할 수 있는 자족적self-sufficient인 나라가 되어야 한다고 주장했다.

수출장려 · 상선보호 위해 해군력 강화

무역흑자를 통해 전쟁 수행에 필요한 금 보유를 늘리고 금의 해외유출을 막아야 한다는 것, 또한 세계의 화폐, 공업 생산, 선박, 무역거래의 총량을 일정한 것으로 보고 그 안에서 자국의 몫을 가능한 한 늘리자는 것이 중상주의의 요체다. 따라서 국내 교역에서는 지역 간 장벽을 철폐하여 시장 통합과 상업 발달을 추구하지만 대외적으로는 외국 상품에 대한 보호관세 부과, 수출장려, 상선보호를 위한 해군력 강화 등을 추진하게 된다. 또한 공업을 적극 지원하고, 특히 프랑스의 경우 왕립 매뉴팩처를 세워 고품질의 완제품 생산을 위한 국가감독과 규제체계를 도입했다. 모든 숙련 기술자는 의무적으로 길드guild로 조직되고 해외기술자와 제조업자의 국내 이주도 장려되었다. 이러한 정책으로 프랑스의 상공인 계층은 번영했으나 농민에게는 과도한 세금이 부과되어 농민이 해외로 이주하는 일이 발생했다. 여하튼 훗날 케인스J.M. Keynes는 중상주의가 고전파 경제이론보다 화폐, 이자율, 고용의 본질을 더 옳게 파악했다고 보았다(『일반이론』 23장).

이러한 절대왕정의 성격에 대하여 "절대왕정은 중앙집권화된 봉건세력"일 뿐이라든가, 혹은 "절대왕정은 부르주아와 귀족 간의 세력을 조정시키는 독자적 세력"이라는 등등의 논쟁이 있으나, 기본적으로 왕정이 토지귀족과 타협하면서 상공세력을 지원하는 체제라 할 수 있다. 절대국가는 영국과 네덜란드부터 점차 입헌군주제constitutional monarchy로 발전하고 시민혁명을 거치면서 장기적으로 국민국가로 발전한다. 또한 재산권, 계약법 등 자본주의적 법과 제도를 보장하는 정치적 장치로 변모했다.

루이 14세는 죽기 직전에 "나는 떠나지만, 국가는 남는다."는 말을 남겼다고 한다.

제4장 · · ·

동유럽의 절대왕정

서유럽에 대처하기 위한 군사적 성격의 절대왕정

중세 이래 역사적으로 동유럽의 사회구조는 서유럽보다 불안정했다. 새로운 농업기술과 사회조직의 도입도 서유럽보다 늦었다. 서유럽은 중세에 상업이 부활하여 상업도시와 도시 부르주아가 일찍 성장했으나 동유럽은 그렇지 못했다. 따라서 인구학적 위기나 경기침체가 닥쳤을 때 동유럽은 서유럽보다 더 큰 타격을 입었다. 14세기 흑사병 등으로 인구가 급감하자 노동력이 부족해진 동유럽에서는 지배자들이 농민을 더욱 억압하고 도시의 자치권도 허용하지 않았다. 도시가 취약했다는 것은 무제한적 소유권 개념이 발달한 로마법이나 시민권이 번성할 여지가 없었고 또한 귀족을 제어할 도시 부르주아가 성장하지 못했다는 뜻이다.

그리하여 15, 16세기에 걸쳐 폴란드, 보헤미아, 헝가리, 동부 독일(엘베강 동쪽 지역) 등지에서는 왕정이 허약하거나 붕괴하여 왕은 농민문제에 관한 토지귀족의 요구에 대항할 수 없었다. 즉, 서유럽에서는 이미 사라진 농노제serfdom가 동유럽에서는 귀족들의 봉건적 반동과 함께 더욱 강화되었다. 채무 농민을 토지에 묶어두고, 부역의 증대, 농민의 이동 금지, 도주 농민에 대한 체벌 강화 등이 진행된 것이다.

상업 미발달로 부르주아 허약

서유럽에서는 절대왕정이 상품화폐 경제의 성장과 함께 발달한 데 반해 동유럽의 절대왕정은 서유럽의 군사적 압박에 대처하는 과정에서 형성되었다. 그래서 군사적 성격이 강했으며 군대조직이 더욱 확대되고 전문적이었다. 서유럽에서 절대왕정은 빠르면 18세기부터 입헌주의로 접어든다. 그러나 동유럽의 권위주의적 절대국가에서는 귀족이 여전히 강력했고, 합의를 거치지 않은 징세, 대외전쟁만이 아니라 국내 치안유지까지 맡는 상비군, 왕의 자의적 외교 수행 등 '전근대적' 특징이 1918년까지 존속했다. 또한 이러한 동유럽의 정치체제나 경제상황은 문화에도 영향을 미쳐 건축과 예술에서 강력한 왕권을 과시하는 바로크 양식이 만개하도록 부추겼다.

17세기에 동유럽의 지배자들도 서유럽을 본받아 강력한 중앙집권적 절대국가를 세우고자 노력한다. 예를 들어 16세기 독일은 300여 개의 독립적 정치단위, 즉 영방국가領邦國家, territorial state의 집합체였다. 이 안에 자유도시가 몇 개 포함되어 있었으나 도시의 정치적 의의는 부차적이었다. 영방군주는 중요한 국사를 결정할 때 영방의 신분제 의회(교회제후, 세속제후, 자유도시)의 동의를 얻어야 하는 제약을 받았다. 본래 국왕에 대한 자금 협찬기관이던 신분제는 군주와 거의 동등한 권한을 갖고 있었다. 그러나 사회가 발전하면서 행정이 맡아야 할 일이 끊임없이 발생함에 따라 군주를 제약하던 영방신분의 힘이 점차 약화되고 군주권이 강대해진다. 영방국가 단위로 절대왕정 체제가 성립하는 시기는 대체로 '30년 전쟁'(1618~1648) 후였다.

중세 때 서유럽과 유사한 진로를 걷기도 했던 러시아에서는 외세 침입과 정복을 겪으며 서유럽과 아주 다른 차르 독재체제가 탄생했다. 옛 귀족이 약화되고 차르의 군대로서 충성을 맹세하는 신흥귀족이 등장했다. 농민의 도주문제 해결을 위해 농민을 토지나 토지귀족에 묶어두고, 귀족은 그 대가로 군사적인 의무를 졌다. 16세기에는 영토 팽창 과정에서 직책에 따라 한시적으로 하사받는 토지와 세습귀족의 사유재산 간의 구분이 폐지되고, 모든 귀족은 토지를 받기 위해 차르에 봉사할 의무를 졌다. 도시인의 일과 재산에 대한 보장은 없었다. 가장 부유한 상인조차 차르에 종속되고 왕실이 상업을 독점하여 중산층의 성장을 저해했다. 러시아에서도 18세기 초 피터 대제Peter the Great(r. 1682~1725) 때 절대왕정이 등장하지만 역사적 배경이 다른 서유럽 유형의 절대왕정과는 대조된다.

동유럽 절대왕정의 부상과 함께 왕들은 프랑스의 루이 14세의 영향을 어느 정도 받아 재능있는 예술가에게 왕의 권력과 위용을 찬양하도록 요구했다. 이는 건축과 도시 건설에서 두드러진다. 1700년 무렵부터

러시아의 절대주의 왕정을 확립한 피터 대제가 발트해를 지배하기 위해 세운 상트페테르부르크. 넓고 곧은 포장도로가 이채롭다. 그림 속 동상에서 당시 피터 대제의 위용을 엿볼 수 있다.

신민에게 군주의 강력함을 과시하려는 궁전 건축이나 도시 건설이 유행했다. 군사적 승리를 기리기 위해 지어진 오스트리아의 대표적 바로크 양식의 건물인 쇤브룬Schönbrunn 궁전, 궁정을 향해 방사형으로 넓고 곧게 길을 닦아 강력한 왕권을 상징하도록 건설된 독일 소공국의 수도 카를스루에Karlsruhe(1715), 상트페테르부르크St. Petersburg 등의 도시 건설(1709) 등이 대표적 예다. 피터 대제는 폴타바Poltava 전투(1709)에서 승리한 후 '유럽을 내다보는 창'이 될 신도시를 건설하도록 명령했다. 그는 자신의 정치이념이 건축에 반영된 근대적 도시를 원했다. 그에게 근대성Modernity이란 넓고, 곧고, 돌로 포장된 거리, 통일된 형태로 늘어선 집, 대형 공원, 하수시설, 석조 다리, 가로등 등을 의미했다.

동양의 도시 유형과 유사한 행정도시 발달

도시 발달의 유형도 동유럽은 서유럽과 달랐다. 서유럽에서는 도시가 상업발달의 산물로서 출발했으며 근대 초기에 국왕의 통제하에 행정도시로 확장되었다. 정치력과 도시의 성장이 연결되어 국민국가 형성과 더불어 수도가 급성장했다. 러시아는 농촌경제의 잉여 부족으로 상공업 도시를 결여한 가운데 행정도시가 등장하며, 이러한 도시는 서유럽 유형보다는 오히려 동양의 도시 유형에 가깝다. 즉, 인도나 중국은 일찍이 내륙에서 대규모 행정도시가 발달하는데, 거꾸로 이들이 국가적 시장 형성에 기여하기도 했다.

이렇듯 도시의 성장 패턴과 중앙집권 간에는 상관관계가 있다. 독일은 수백 개의 영방국가가 차츰 정비되면서 1871년에 통일을 이루었다. 히틀러A. Hitler(1889~1945) 치하에서 일시적으로 중앙집권이 정점에 다다른 적이 있으나 일반적으로 독일은 역사적 유산 때문에 지방분권이 강하다.

한편, 미국은 서유럽식 도시 발달의 길을 걷다가 일약 연방국가가 되었고 1930년대에 뉴딜정책을 계기로 중앙정부의 영향력이 급속히 확대되지만 지방자치적 요소도 상당하다. 일본도 메이지 유신과 군국주의에도 살아남은 막부시대의 오랜 지방자치 경험이 있다.

이렇듯 선진 산업국들의 지방분권은 역사적 산물이며 정부가 중앙집권을 시도해도 불완전할 수밖에 없기에 두 요소가 함께 존속한다. 우리나라는 이미 고려시대에 중앙집권이 마무리되고 효과적인 중앙정부가 정착되었다. 지방자치의 장단점을 떠나 위로부터, 즉 정부가 나서서 지방분권을 추진하는 일은 행정효율 면에서 재고할 필요가 있다. 또한 지방자치를 육성한다면서 국토 균형발전 운운하며 중앙정부의 영향력을 더욱 키우는 것은 도대체 앞뒤가 맞지 않다.

한편, 서유럽보다 뒤늦게 동유럽 절대왕정이 성립함으로써 유럽의 국제적 국가체제가 완성된다. 서유럽과 동유럽의 절대왕정의 발생상의 차이 때문에 결과도 달랐다. 서유럽에서 스페인, 영국, 프랑스의 절대왕정은 시기는 각기 달랐으나 정치적 변혁을 거쳐 입헌주의constitutionalism 국가로 발전했다. 독일은 위로부터의 개혁으로, 러시아의 절대왕정은 제1차 세계대전 도중 러시아 혁명을 거쳐 근대국가로 변모했다.

일반적으로 유럽의 절대왕정이 여타의 전제정과 다른 점은 군주의 정치지배력 확대가 귀족의 토지소유권을 위협한 게 아니라 사유재산권과 토지소유 등을 안정시키고 이를 증대시켰다는 점이다. 특히 서유럽의 절대왕정은 세습귀족의 사회적 지배를 보호하고 안정화했다. 이러한 절대왕정 체제(서유럽형, 동유럽형)는 유럽의 역사에서만 찾아볼 수 있는 독자적인 역사 가운데 하나다.

제5장 • • •

과학혁명

과학혁명으로 근대과학 시작

뉴턴Isaac Newton(1642~1727)이 어느 날 사과나무 밑에 누워 있다가 툭 떨어지는 사과를 보고 갑자기 영감을 얻어 만유인력의 원리를 발견했다는, 황당하기 그지없는 '에피소드'는 도대체 어디에서 유래했을까? 와트James Watt(1736~1819)가 물이 끓을 때 주전자 뚜껑이 들썩이는 데서 퍼뜩 아이디어가 스쳐 증기기관을 발명했다는 얘기도 거짓이다. 뉴턴에 이르러 완성되는 서유럽의 과학혁명은 긴 시간을 거슬러 올라가는, 각 시대 최고 두뇌들의 피나는 연구결과가 축적된 산물이다. 서유럽의 과학혁명은 결국 근대기술과 경제성장으로 연결된다.

17세기 이전 유럽인의 세계관은 종교적·신학적이었다. 왕권신수설이 정치이론의 기반이었고, 결혼, 식생활, 일상적인 시간 개념까지도 교회와 종교 교리에 의존했다. 당시 첨단과학인 천문학 분야에서 서유럽은 다른 문명에 비해 앞서 있지도 않았다. 예를 들어 마야문명은 천문학적 관찰에 근거를 둔 아주 정확한 달력을 만들었다. 그런데 18세기를 지나면서부터 서유럽에서 세상을 세속적 · 과학적 관점에서 바라보는 세계관이 싹텄다.

무엇이 그런 변화를 가져왔는가? 과학혁명이다. 여러 문명 가운데 유독 서유럽 문명에서만 자연의 세계를 실험 관찰과 수학에 기초하여 인식하는 근대과학이 발전했다. 근대과학은 아주 긴 시간에 걸쳐 탄생했으며 나아가 거대한 정신혁명으로까지 퍼졌다.

과학혁명의 핵심에는 천문학과 물리학의 발전이 있다. 1500년대 초까지도 우주와 우주의 운동에 대한 유럽의 전통적 사고는 중세 신학자들이 아리스토텔레스Aristotle의 사고를 기독교 교리와 조화시킨 틀 안에 있었다. 아리스토텔레스적 사고에 따르면 지구는 움직이지 않고 우주의 중심에 고정되어 있다. 그 주변을 10개의 분리된 수정궤도crystal spheres가 운동하고 있는데, 이 가운데 2개의 궤도는 중세의 신학자들이 첨가했다. 중세인들은 10개의 궤도를 넘어선 곳에 하늘이 있고, 이곳에 신의 성좌와 구제받은 영혼이 존재하며, 천사들이 원을 그리면서 이 궤도를 지킨다고 믿었다. 이러한 아리스토텔레스적인 견해가 당시 물리학과 지구 운동에 관한 사고를 지배했고 기독교 교리와도 잘 조화되었다. 그 무렵 과학은 일차적으로 신학의 한 분야로서 종교를 강화하는 역할을 했다.

코페르니쿠스 가설과 케플러, 갈릴레이, 뉴턴

그러던 중, 유럽의 여러 대학에서 교회법과 천문학을 연구하던 폴란드의 성직자 코페르니쿠스Nicolaus Copernicus(1473~1543)는 "지구를 포함한 유성이 움직이지 않는 태양 주변을 돈다."는 가설을 세웠다. 이는 정말 충격적인 일이었다.

당시의 천문학자들은 정확한 계산을 위해 2세기에 알렉산드리아에 살았던 수학자이자 천문학자인 프톨레마이오스Claudius Ptolemaeos의 업적에 의존했다. 당시 점성가들은 별들 간의 관계 변화가 미래에 영향을 주고 미래를 결정한다고 믿었는데, 프톨레마이오스는 이들 점성가들이 별을 정확하게 추적하도록 돕기 위해 복잡한 규칙을 밝혔다.

젊은 시절 코페르니쿠스는 천문학에 관심이 없었으나 프톨레마이오스의 규칙은 정확성이 떨어져 완벽한 조물주의 권위를 손상시킨다고 생각했다. 그래서 그는 당시 이탈리아에서 연구되던 고대 그리스의 또 다른 생각, 즉 지구보다 오히려 태양이 우주의 중심이라는 개념에 몰두하다가 결국 지구를 포함한 유성, 별 등은 움직이지 않는 태양의 주변을 돈다는 지동설을 실제로 완성했다. 이 가설은 그도 예견하지 못했을 만큼 엄청난 과학적 · 종교적 의미를 지녔으며, 아리스토텔레스 물리학의 기본을 파괴하는 것이었다. 그러나 코페르니쿠스는 신중한 사람이라서 다른 천문학자들의 조소를 염려하여 죽을 때까지 자신의 가설을 담은 책 『천체의 회전에 관하여』를 발표하지 않았다.

그 후 덴마크의 브라헤Tycho Brahe(1546~1601)는 육안으로 20년 동안 별을 꼼꼼히 관찰하여 엄청난 양의 데이터를 남긴다. 이어 브라헤의 탁

월한 조수였던 케플러Johann Kepler(1571~1630)는 브라헤의 자료를 재정비하여 3가지 법칙, 즉 "첫째, 태양의 주위를 도는 유성의 궤도는 원형이 아니라 타원형이다. 둘째, 유성은 자기 궤도에서 균일한 속도로 움직이지 않는다. 셋째, 유성이 자기의 궤도를 완전히 도는 데 걸리는 시간은 그것이 태양과 떨어진 거리와 관련된다."를 세상에 내놓았다. 케플러는 코페르니쿠스가 세운 가설을 수학적으로 증명했고 아리스토텔레스나 프톨레마이오스의 옛 체계를 파괴했다. 특히 이 세 번째 법칙은 우주의 중력에 관한 개념을 정립하는 데 큰 진전을 이루었다.

다음 타자는 플로렌스인 갈릴레이Galileo Galilei(1564~1642)였다. 25세에 수학교수가 된 수학천재 갈릴레이는 가속도, 관성의 법칙에 관련된 근대적 실험 방법을 구체화했다. 또한 망원경을 이용한 관찰로 지동설이 옳다는 것도 확인했다. 이들 업적은 종교 당국의 공격을 받고 종교재판을 겪는 우여곡절 끝에 거의 1세기가 지나 효력을 발휘하기 시작했다. 옛 천문학과 물리학은 폐기 상태가 되면서 이 옛 '과학'과 첨단과학 사이에는 의사소통도 불가능할 만큼 근본적인 단절이 생겼다.

케플러의 법칙으로 수정된 코페르니쿠스의 천문학을 갈릴레이의 물리학과 통합시킨 사람이 뉴턴이다. 그는 이 문제를 운동과 역학을 설명하는 일련의 수학법칙을 써서 해결했다. 뉴턴이 이룩한 종합의 요체가 중력의 법칙the law of universal gravitation(우주의 모든 물체는 다른 물체를 질량과 거리에 기초한 일정한 수학적 관계로 끌어당긴다)이다. 이미 물리학의 기본 지식을 대부분 터득한 그는 18개월간 끼니를 거를 정도로 연구에 집중하여 라틴어로 된 불후의 명작 『프린키피아』*Principia*(1687)를 출간했다.

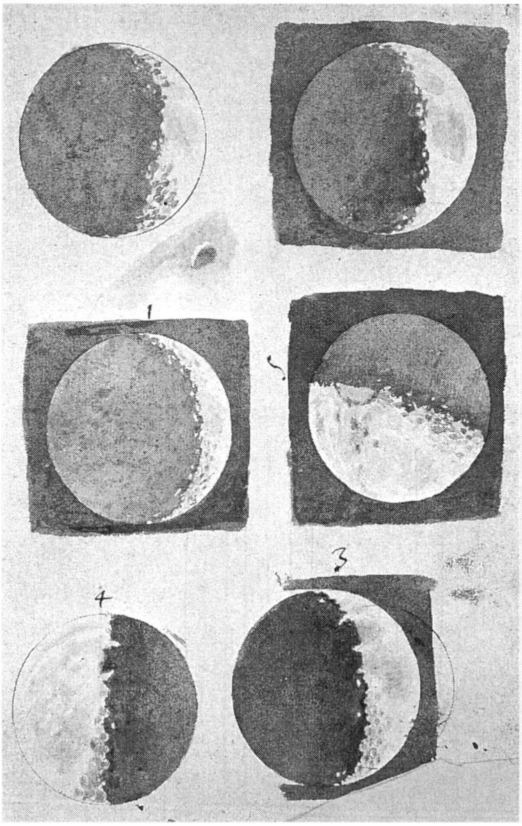

갈릴레이가 그린 달 그림의 스케치

중세 대학과 부유층 후원의 역할 커

이러한 과학혁명은 왜 일어났을까? 장기적으로 13세기 무렵 서유럽에 출현한 중세 대학이 과학혁명에 공헌했다. 1300년쯤에는 대학에서 철학이 신학에서 독립하고, 14~15세기에는 수학, 천문학, 물리학이 철학 내의 첨단분야로 자리를 잡았다. 이러한 배경에서 여러 천재적 재능이 돌파구를 마련했다.

또한 르네상스 시대에 재발견된 고대 그리스의 수학 덕분에 17세기 유럽에서 수학이 크게 개선되었다. 피렌체의 부유한 메디치 가문 등은 갈릴레이 같은 천재들을 후원했다. 유럽이 해외로 팽창하는 과정에서 원거리 항해를 위한 과학적 도구, 정확한 측정을 가능하게 한 발명(망원경, 기압계, 온도계, 진자시계 등)도 과학혁명을 도왔다. 이로써 세계에 대한 지식획득 방법이 더 개선되고, 베이컨Francis Bacon(1561~1626), 데카르트René Descartes(1596~1650)의 과학적인 연구방법도 출현했다. 과학혁명 이후 생긴 국제 과학단체와 과학 전문지가 과학을 서로 전달하고 교류하며, 교육받은 과학자 단체가 공통 관심사를 공유하기 시작했다. 지식확산이 목표인 이들끼리 더욱 경쟁적이 되면서 과학이 진보했다.

요즘 우리 사회는 출처불명의 만화 같은 에피소드와 거짓말에만 점점 솔깃해져 가는지 공부하지 않아도 대학 진학을 쉽게 한다는 등 혹세무민하는 교육정책, '관행'이 판을 친다.

제6장 • • •

계몽주의의 경제사

지식의 대중화가 근대 경제성장 불 지펴

오늘날 서유럽은 200여 년 전보다 왜 더 부유한가? 방대한 식민지 경영 덕분이었는가? 일각에서 아직도 그런 주장이 없지는 않다. 하지만 무엇보다도 서유럽 사회가 과거보다 더 많은 것을 알게 되었기 때문이 그 답일 것이다. 즉, 사회적 지식의 총량(분야별 각 개인의 지식의 합)이 축적되었고, 늘어난 지식을 생산에 효율적으로 배분하여 경제가 급성장했다. 그런 점에서 서유럽 18세기의 지적 운동인 계몽주의The Enlightenment가 아주 중요하다.

계몽주의의 지적 기원은 17세기의 베이컨Francis Bacon(1561~1626)에까지 거슬러 올라간다. 그는 사변적인 중세적 연구방법을 거부했다. 새로운 지식은 경험적 · 실험적 연구로 추구되어야 한다는 것을 주장하고 생활에 필요한 실용지식을 강조했다. 또한 인간이 처한 현실과 밀접한 과학을 연구하면 물리적 환경을 더 잘 통제할 수 있고 이로써 부를 얻을 수 있다고 보았다. 그리하여 공적·사적으로 과학 탐구를 지원할 것을 역설했다.

베이컨에게 지식의 목적은 형이상학적 증명이나 지적 호기심을 만족시키는 것이 아니라 인류의 생활조건을 향상시키는 것이었다. 비록 산업혁명 초기의 기술이 과학혁명과 직접적인 관련이 있지는 않았다고 해도 과학혁명과 산업혁명 사이에는 분명 연결고리가 있었다. 그 연결고리 역할을 한 것이 바로 계몽주의다.

계몽주의는 이성에 대한 믿음

서유럽 계몽주의의 중심 개념은 크게 세 가지다.

첫째, 자연과학의 방식이 인간 삶의 모든 면을 탐구하고 이해하는 데 사용될 수 있고, 사용해야 한다는 생각이다. 이성reason은 계몽사상가들이 가장 선호한 단어로서, 그들은 모든 것이 이성, 즉 합리적·비판적·과학적 사고방식에 맞아야 한다고 생각했다.

이에 비해 17세기의 과학자들은 자기네 업적이 신을 찬미한다고 믿었다. 또한 국가가 강력해지려면 국가 내에 여러 종파가 뒤섞여 있지 않고 가톨릭이거나 프로테스탄트이거나 반드시 어느 한 신앙으로 통합되어 있어야 한다는 것이 17세기적 사고방식이었다. 그 시기에 유럽을 휩쓴 종교전쟁은 그러한 사고에서 초래되었다고 해도 과언이 아니다.

하지만 계몽사상가들은 종교적 진실이 과연 절대적 확신으로 이해될

1700년대 중반 파리, 고프랭 부인 살롱의 모습

수 있는 것인지에 의문을 품기 시작했다. 계몽사상가들의 사물에 대한 이러한 접근방식과 철저하게 세속적인 태도 때문에 그들은 접근 방식이 다른 교회와 계속 충돌했다. 당시 프랑스에서 교회나 국가를 공개적으로 비판하는 것은 불법이었으므로 계몽사상가들의 급진적인 생각은 책으로 출판되지 못하고 필사본 형태로 유통되었다. 혹은 계몽사상을 담은 새로운 문학, 과학, 철학 얘기는 파리에서 재능있고 부유한 여성이 로코코 양식의 우아한 응접실에서 정규적으로 주재하는 사교모임인 '살롱' salon을 통해서 검열을 받지 않고 확산될 수 있었다. 또한 문제가 될 소지가 있는 직접적인 표현이 금지되었기 때문에 소설, 희곡에서 풍자나 이중적인 의미로 전달되었다. 몽테스키외Baron de Montesquieu(1689~1755)가 이런 면에서 선구자였다. 그가 쓴 『페르시아인의 편지』*The Persian Letters*(1721)라는 책은 유럽을 방문한 페르시아 여행가가 그 인상을 친구에게 써보내는 편지 형식으로, 유럽에만 있는 독특한 관습과 신앙을 고도로 풍자하는 내용을 담고 있다.

둘째, 계몽사상가들은 인간사회에서도 자연처럼 법칙을 발견할 수 있다고 전제했다. 이로써 사회과학이 탄생할 계기가 마련되었다.

셋째, 인간존재의 법칙을 발견할 수 있다는 이러한 생각은 '진보' progress 개념으로 이어졌다. 프랑스의 계몽사상가인 퐁트넬Bernard de Fontenelle(1657~1757)이 쓴 『다양한 세계에 관한 대화』*Conversations on the Plularity of Worlds*(1686)란 책에서는 남녀가 넓은 공원을 산책하며 천문학을 토론하다가 인간의 정신이 크게 진보할 수 있다는 결론을 얻고 기뻐한다. 계몽사상가들은 인간 스스로 사회를 개선하고 좀 더 나은 인간을 창조할 수 있다고 믿었다.* 실제로 18세기 동안 개선된 경제, 사회생활 덕분에 이러한 믿음은 더욱 강화되었다.

지식전달 방식과 속도 크게 개선

이러한 새로운 생활관과 17세기 과학혁명 이후의 지적 성과를 결합시키는 일이 계몽주의 세대에서 일어났다. 서유럽의 계몽주의는 소수 엘리트에게 한정된 사건이었지만 결국 산업혁명으로 번질 불길을 점화했다. 이를테면, 예로부터 개별적으로 전수되던 지식의 전달 방식과 속도가 18세기에 크게 개선되었다. 수학부호 · 측량 표준화 등 기술언어가 정비되고, 기술 · 지식 등에 관한 정보가 문자화되어 필요한 사람이 이에 공개적으로 접근할 수 있게 되었다.

공공 도서관, 커피 하우스, 서적상을 통

* 심지어 콩도르세Condorcet는 『인류 정신의 진보』(1793)란 책에서 이미 발생한 인류 진보의 9단계를 추적하고 열 번째 단계에서 진보가 완결되리라 예언할 정도였다.

1650년 무렵 문을 연 영국 최초의 커피 하우스. 작가, 과학자, 비즈니스맨, 정치가 등이 이곳에 모여 계몽사상, 정치 등을 논했다.

한 지식의 전파도 빨라졌다. 18세기에 유럽의 서적시장이 급성장하여, 예컨대 독일에서 1700년에 600종이던 신간서적이 1764년에는 1,100종, 1780년에는 2,600종으로 늘었다. 프랑스에서도 책 소비와 독서층이 증가하여 1690~1780년 동안 서적의 수가 8~10배로 증가했다.

이때 종교서적의 출판은 급감했다. 독서 방식도 예전에는 청중을 모아놓고 '신성한' 텍스트를 천천히 낭독하던 방식에서 개인이 속으로 빨리 읽는 방식으로 변했다.

과학도구와 공작기계 등을 취급하는 국제시장도 등장했다. 지식에 관해 비밀주의로 일관했던 중세와 달리 17세기부터 지식은 공공재라는 인식이 싹텄다. 지식 공유를 위해 통일된 용어와 합의된 표준을 사용한 체계적인 보고방식도 도입되었다. 18세기는 유럽 경제가 재도약하는 시기였다.

전반적으로 계몽주의 시대의 엘리트는 국가주의적이 아니라 코스모폴리탄적이었다. 이들은 일찍부터 외국어 독서의 중요성을 깨닫고 과학·기술 서적을 빠르게 번역하여 확산시켰다. 예를 들어 프랑스의 샤틀레 부인Madame de Chatelet(1706~1749)은 뉴턴의 『프린키피아』를 최초로 프랑스어로 번역하고 주석도 붙였다. 또한 이 세대의 재능있는 작가들은 난해한 과학적 성취를 교육받은 엘리트가 이해하기 쉽도록 대중화하는 데 기여했다. 퐁트넬은 과학을 일반 대중을 위해 소설처럼 재미있고 읽기 쉽게 구성했다.

또한 대표적인 계몽사상가 디드로Denis Diderot(1713~1784), 달랑베르Jean Le Rond d'Alembert(1717~1783)의 주요 업적인 『백과전서』*Encyclopedia: The Rational Dictionary of the Sciences, the Arts, and the Crafts*야말로 직관에서 탈피한 체계적 분석, 지식에 대해 비밀 전수가 아닌 공개적 접근 가능, 빠른 검색, 체계적인 분류 등 계몽주의 지식 전파의 유형을 고루 갖춘 대표적 예다. 이 책에서 과학, 산업, 예술 등은 찬미되고 종교, 숙명 등은 의문시되었다. 지식이 많을수록 인간이 행복해지며, 경제·사회·정치가 진보할 수 있다는 확신도 가득했다. 또한 백과전서의 무신론, 영혼, 정부 등에 관한 항목은 한동안 출판이 금지되었으나, 그래도 이 책은 널리 읽히고 서유럽 전역에 지적으로 큰 영향을 미쳤다.

지식이 실용적으로 발전

역사적으로 기술이 정체하는 원인 가운데 하나가 '사물을 아는 자'와 '사물을 만드는 자'가 사회적으로 서로 알지 못한 채로 격리되어 있다는 점이다. 그런데 18세기에는 이들의 접근비용을 감소시키려는 노력이 매우 활발해졌다. 수많은 대학, 기술학교, 공개강연, 각종 학회, 학술지, 심포지엄 등 지식이 이동하는 데 기여하는 제도들이 생겼고 자연철학자와 기업가 간의 사회적 간격도 좁혀졌다. 지식에 대한 접근비용이 감소한다는 것은 지식이 더 많은 정신과 장치에 확산된다는 뜻이다.

단순히 계몽사상의 존재 여부만 따진다면 이슬람 계몽주의, 중국 계몽주의, 혹은 그 어느 다른 계몽주의도 열거하지 못할 이유가 없다. 그러나 지식이 소규모 전문가에게만 한정되어 있을 때 그것은 소멸될 위험이 크다. 중국, 그리스 고전 문명의 위대한 발명이 그랬다. 이에 비해 서유럽의 계몽주의는 지속가능한 근대적 경제성장으로 번성할 싹을 틔울 씨앗을 뿌렸다. 정치 · 사회적 갈등이 난무하는 와중에서 계몽주의가 다른 길로 빠졌을 수도 있었을 것이다. 하지만 서유럽에서는 그러지 않고 뿌리를 내렸다. 지식에 대한 인간정신의 그러한 태도변화가 없었다면 인간의 생활조건을 개선할 기술적 요소는 지식의 블랙박스 안에만 갇혀 있었을 것이다.

서유럽 계몽주의가 승리한 기원을 찾으려면 전통에 무조건 매몰되지 않고 이를 의문시하는 유럽인의 기질이 근대 초 이래로 성장한 것을 이해해야 한다. 베이컨이 그 선도자였다. 볼테르*(1694

* 볼테르Voltaire는 필명이며 본명은 프랑수아 마리 아루에Francois Marie Arouet다.

~1778), 몽테스키외 등의 계몽사상가들이 뒤를 이었다. 기존의 전통적인 권위 가운데 모순된 점을 비판하는 지식이 이를 누르려는 압력을 극복하고 살아남아 성공한 곳이 바로 유럽이었다. 유럽은 정치적으로 분할되어 경쟁하는 체계였다. 그래서 기성권위가 부여한 '진리'에 맞서 싸우는 사람이 어떤 박해에 직면하면 다른 권력체계로 이주하여 보호받을 수 있었다. 이성에 대한 믿음이 오랜 세월에 걸쳐 그 믿음의 질을 높여 가는 동안 실용적 지식이 팽창하여 경제성장으로 이어졌다. 그 후 다시 돌이킬 수 없게 되었다.

요즘 우리나라에서도 '지식경영'에 대한 목소리가 높다. 매우 긍정적인 움직임이다.

제7장 • • •

영국 산업혁명 시기의 기술진보

산업혁명기 기술은 첨단과학과는 무관

18세기 말~19세기 초에 영국에서 일어난 산업혁명The Industrial Revolution은 영국사회뿐만 아니라 머지않아 유럽 대륙과 비유럽 세계에까지 지대한 영향을 미쳐 결국 국제정치와 군사적 세력 균형마저도 바꾸게 될 획기적인 사건이었다. 산업혁명은 다각도로 접근해야 할 역사적 사안이지만, 그 본질 가운데 하나가 에너지 사용면에서의 혁신, 각종 기계 발달, 합성 원자재 등장, 공장제 등을 포함하는 넓은 의미의 기술진보다. 산업혁명을 한편으로 '기술적 창조성으로 추진된 생산기술의 급속한 변화'로 정의할 수 있다면 그 근거는 무엇인가?

영국 산업혁명의 선도자는 면직업이다. 영국의 면직업은 18세기에 북부에서 소규모 가내공업으로 운영되었다. 면직부문의 기계화 문제는 물레와 베틀 간 작업능률의 불균형을 메워 보려는 시도와 관련된다. 이러한 시도에서 1760년대에 케이John Kay가 '나는 북'flying shuttle을 발명했다. 면직부문의 큰 발명은 방적 공정과 직포 공정 양쪽에서 일어났다. 한 공정에서의 발명이 다른 공정의 발명을 자극하면서 기술혁신이 진행되었다. 방적부문에서 하그리브스James Hargreaves의 제니Jenny 방적기와 아크라이트Richard Arkwright의 수력 방적기가 면사의 생산 확대에 기여했다. 이들의 원리를 종합하여 보다 양질의 면사를 생산할 수 있는 뮬 방적기를 크럼프턴Samuel Crompton이 발명했다. 면사 생산의 속도에 자극되어 직포부문의 기계화가 시급해졌다. 이러한 요청에 대응한 것이 카트라이트Edmund Cartwright의 역직기다. 역직기가 보급되면서 수직포공들은 일자리를 잃었다. 이 과정은 후발공업국에도 반복된다.

하그리브스의 제니 방적기

제임스 와트James Watt(1736~1819)가 증기기관을 발명한 것도 이 무렵이다. 그는 글래스고 대학에서 수업용 과학기자재를 담당한 기술자였다. 물리학 수업 시간에 쓰는 뉴코맨Newcomen 증기엔진을 수리하는 과정에서 그의 증기기관이 탄생했다. 이때 그에게 필요한 것은 기계를 다룰 줄 아는 숙련노동, 정밀한 기계부속, 위험을 감수하고 그의 발명에 투자할 돈 등이었다. 와트의 증기기관은 20년이 넘는 노력 끝에 상업적으로 성공했다(1780년대 말). 이것은 다른 산업에도 중요한 돌파구를 제공했다. 증기기관 덕분에 영국 제철공업의 철 생산능력은 18세기 중엽부터 백년간 2백 배나 폭발적으로 늘었다.

방적기 · 증기기관이 산업 '돌파구'

산업혁명 시기에 이루어진 기술진보는 이 외에도 많다. 여러 부문에서 동시다발적으로 기술혁신이 있었다. 그러나 면직기술이든 증기기관이든 고도의 전문적인 첨단과학 지식을 요하는 것이 아니라 당시 작업현장에서 기술혁신의 기회를 손쉽게 잡을 수 있고 일을 좀 더 합리적으로 해보려는 태도를 지닌 일반인이 간단한 아이디어를 적용하여 얻어낸 것이다. 이러한 기술을 바탕으로 한 영국인의 사업은 전문기술, 대규모 자본, 정부의 조직과 계획에 따른 지원 없이 소규모 가족자본을 기초로 출발했다. 그 결과 영국의 기업구조는 분산적이고 분리되었으며 시장에서 개인끼리의 복잡한 영업 거래망으로 연결되었다. 이와 같은 기술과 사업구조는 이런저런 상황에 쉽게 적응하고 산업화 초기에 사업을 신속히 확대시켜 갈 수 있었으나 훗날 계획과 집중, 통합의 이점이 중요해지는 산업발전 단계에 이르면 영국식 초기 사업구조의 논리적 귀결로서 효율이 떨어지는 운명에 처하게 된다.

한편, 18세기 영국은 유럽의 다른 나라에 비해 과학발달의 수준은 뒤졌지만 생산기술의 우위를 누리기에 좋은 여건이 잘 조성되어 있었다. 산업혁명은 "거시발명macroinventions(전혀 새로운 방법이나 상품)의 동시다발적인 집중cluster과 이를 개선하기 위한 대대적인 노력, 이에 뒤따르는 미시발명microinventions의 보완적 흐름"으로 정의될 수도 있다. 거시발명의 군집이 왜 동시다발로 출현하는지를 설명하기는 매우 어렵다. 하지만 당시 영국은 '미시발명'의 면에 비교우위가 있었으며 이것이 아주 중요하다.

산업혁명 전야에 등록건수가 급증한 특허자료들로 미루어 볼 때 당시 영국은 분명 기술활동이 활발했다. 물론 이때에는 20세기에 비하면 특허권의 가치가 물적 투자에 비해 미미했고 특허출원이 불가능한 경우도 있었으므로 이윤추구를 위한 연구개발보다 학습이 더 중요했을 것이다.

영국의 고급인력들은 주로 관료, 법조계, 교회, 군대, 그리고 상업, 금융계 등에 분포했고 제조업을 위한 인적 자본의 축적, 특히 학교 교육은 빈약했다. 하지만 학습능력은 상당했던 것으로 추정된다. 즉, 기술이전을 자극하는 도제제도가 잘 운영되었고 현장훈련을 중시하는 풍토 때문에 기능공이 많았으며 이들의 교류도 활발했다. 또한 종교전쟁 이후 대륙의 우수한 기술인력이 영국으로 많이 이주했다.

정보전파를 담당하는 단체들의 역할도 컸다. 군주와 귀족 간에 나라의 헌정질서에 관한 합의가 이루어진 후(1688, 명예혁명) 국가를 안정되고 예측가능하게 다스리는 정부가 정착했다. 영국 정부는 개인의 자유, 사유재산 보장, 기술변화, 자유시장 등을 추구했고 민간의 경제활동에 대한 규제는 거의 하지 않았다. 중세 이래 사업경험이 많은 기업가층이 두터웠으며 임금노동자층도 많았다. 중앙은행제도와 신용제도도 일찍 잘 발달했다. 또한 18세기 유럽에서 가장 효율적인 국내시장을 형성하고 있었다. 육로보다 수로 운송비가 저렴하던 그 시절에 영국 어느 곳에서든 20마일 이내에 내륙 수로에 닿을 수 있는 영국의 자연환경도 국내 시장이 발달한 것과 관련이 있다.

노동-자본 비율은 거의 불변

기술혁신에 저항하는 집단의 정치력은 어떠했는가? 일반적으로 기계가 노동을 대체하면 실업을 양산하므로 미숙련 노동의 신기술에 대한 저항이 심했으리라고 생각할 수 있겠지만 이것은 사실과 다르다. 산업혁명기에 노동-자본의 비율은 거의 불변이었고 신기술이 노동절약적인 것도 아니어서 기계도입 때문에 노동자가 일자리를 잃는 상황은 별로 발생하지 않았다.

하지만 기술변화로 직접 타격을 입은 부문과 숙련공의 저항은 컸다. 가격하락으로 이득을 보는 소비자에 비해 수직포공, 모직완성공, 인쇄업자, 마차제조소, 대장간 등은 소수였으므로 이들은 조직력을 이용해 새로운 상황에 저항했다. 그러나 그런 저항은 거의 실패했다. 영국 산업혁명기(1760~1830)에 영국의 정치력은 이들이 아닌 토지 재산가에게 있

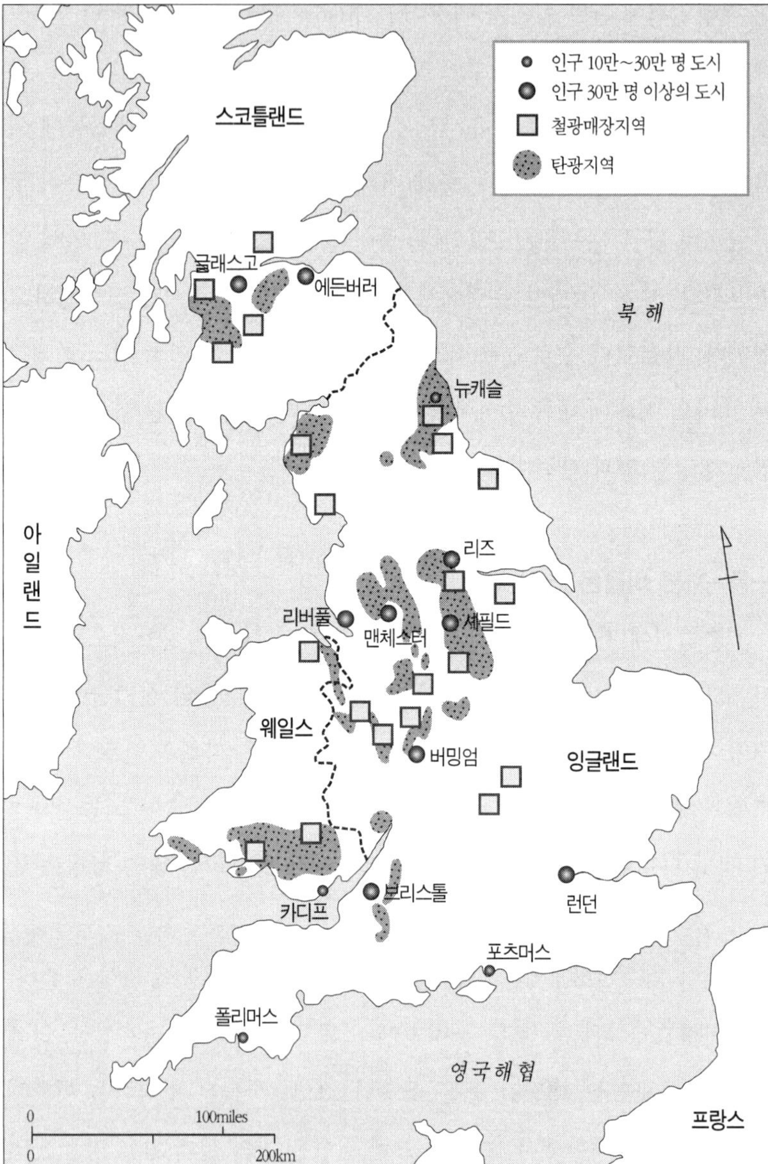

〈그림 3〉 영국의 산업혁명(1830)

었기 때문이다. 영국은 장인 길드의 힘이 대륙 유럽보다 약했던 만큼 기업가가 대규모 시장을 상대로 대량생산을 시작할 유인도 컸다.

일단 인류를 수확체감과 맬서스의 덫에서 벗어나게 한 기술진보가 축적되었고, 이것이 다음 단계에서는 결국 과학 발달, 체계적인 연구개발과 연결되어 첨단기술 쪽으로 박차를 가했다. 그리스 신화에서 인간과 동물이 살아가는 데 필요한 능력을 주는 임무를 위임받은 프로메테우스Prometheus는 하늘에 있는 태양의 이륜차에서 불을 훔쳐 인간에게 가져다주었다. 인간은 이 불을 이용하여 무기와 농구를 만들어 자연을 정복하기 시작했다. 제우스의 뜻을 거역하고 인간에게 문명과 기술을 가르친 프로메테우스는 결국 제우스의 분노를 사게 되어 코카서스 산상의 바위에 쇠사슬로 묶인 채 독수리가 그의 간을 끊임없이 쪼아 먹게 하는 형벌을 당하지 않았던가!

오랜 세월 동안 자연의 횡포에 휘둘려 식량의 주기적 기근에 시달리던 인류가 산업혁명을 일으켜 새로운 사회로 접어드는 과정은 바로 이 프로메테우스가 묶인 사슬에서 풀려나는 과정이라고 할 수 있다. '사슬에서 풀려난 프로메테우스'*가 이리 뛰고 저리 뛰기 시작하자 그 누구도 이제 이를 다시 묶어두기 어렵게 되었다. 산업혁명 이후 평균적 생활수준은 기하급수적으로 향상되었으나 이제 핵전쟁, 인간복제 등의 악몽도 떨치기 힘든 지경에 이른 것이다.

* 이 표현은 셸리P. B. Shelley의 시 "Prometheus Unbound"의 비유에서 나온 것이다. 그의 부인인 메리 셸리Mary Shelly는 『닥터 프랑켄슈타인』*Dr. Frankenstein*의 작가다. 이 작품에서 닥터 프랑켄슈타인이 만든 괴물은 프랑켄슈타인에게 이렇게 말한다. "그대는 나를 창조했지만 결국은 나에게 휘둘리리라."

제8장 • • •

영국 산업혁명의 노동공급

18세기 말~19세기 초 성인남성 노동시간 대폭 늘어

산업혁명, 즉 '인간이 자연환경에 접근하는 방법이 획기적으로 달라진 사건'을 수행한 노동력은 어디서 왔는가? 영국은 공업화와 급속한 인구증가를 동시에 경험했다. 18세기 말~19세기 초 영국에서 인구가 증가한 것은 사망률 감소보다는 출생률이 급증한 때문이었다. 이로써 공업화 기간에 인구의 연령구성이 변화했고 그에 따라 노동시장의 성격도 바뀌어 갔다.

하지만 산업혁명 당시 영국의 노동시장은 지리적으로, 계층별 · 직종별로 분리되어 있었다. 노동의 이동이나 공급탄력성도 그다지 높지 않았다. 당시 영국인들이 심리적으로 전통적 관습, 구빈법, 이주금지법 등의 영향을 크게 받던 터라 지역별 임금격차가 커도 장거리 이주는 다들

꺼렸다. 따라서 이 당시 영국에서 인구가 증가했다고 해도 이들이 곧바로 산업노동자가 되었다고 볼 수는 없다.

1830년대 이후에는 아일랜드에서 영국으로 대규모 인구가 유입되는 일이 일어났다. 그렇지만 대부분 미숙련노동자인 이들이 정착한 곳은 공장지대가 아닌 농촌이었으며, 아일랜드 이민 가운데 광산이나 토건업에 취업한 사람은 소수였다. 물론 전반적으로 이주민 때문에 상대적 인구과잉상태가 되어 값싼 노동이 유지되는 면은 있었다.

공업부문의 노동공급의 원천을 따지는 문제와 관련하여 인구증가와 농업혁명을 많이 논하곤 한다. 하지만 이제는 그 의미가 많이 희석되었다. 우선, 영국에서 농업혁명이 발생한 시기에 대한 견해도 다양하며(17세기 말~19세기, 1600~1750년, 1847~1870년 등), 심지어 농업혁명의 존재 자체를 부인하는 견해도 있다. 그렇기는 하나 1300~1800년 동안 유럽

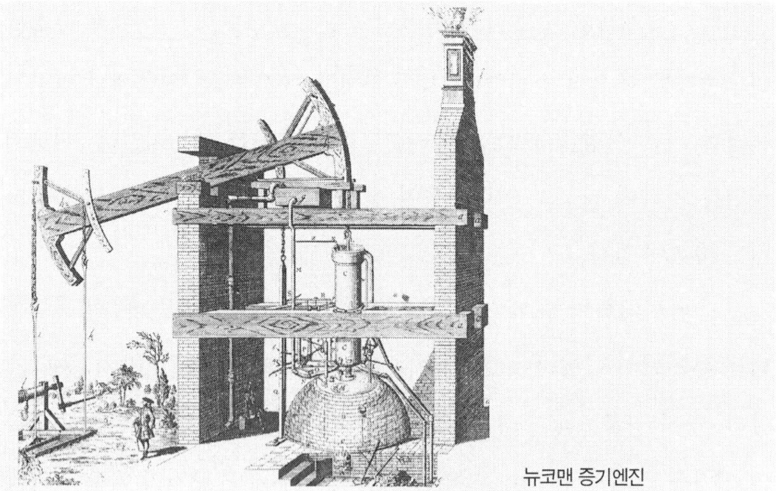

뉴코맨 증기엔진

각국의 농업생산성을 검토해 보면 영국과 네덜란드가 유럽의 다른 나라들에 비해 확실히 우위다.

농업혁명과 인클로저를 종종 연결시켜 논의하기도 한다. 그렇지만 인클로저 과정에서 농민이 도시로 배출되지는 않았고, 인클로저 지역의 인구가 오히려 늘었다. 인클로저를 수행한 땅은 새로운 농법을 쓸 수 있고 노는 땅을 둘 필요가 없었으므로 노동력이 더 필요했던 것이다. 또한 인클로저 사업 자체가 노동수요를 증가시켰다. 따라서 인클로저로 인해 농민이 농업에서 축출되어 산업노동자를 형성했다고 보기 어렵다. 더욱이 산업혁명이 시작되기 전에 이미 공동개방경지는 거의 사라졌다.

다만 이 시기에 급증한 인구를 고려할 때 영국의 농촌인구는 상대적으로 감소했다. 또한 현재까지 밝혀진 것처럼, 1700~1760년에 농업부문에서 과잉노동력이 배출되었으나 1760~1800년에는 무리한 공업화로 공업이 농업노동을 흡인하고 농업부문을 압박하여 식량부족과 농산물 가격의 상승을 초래한 것, 그리고 1820~1840년에 농업부문에서 노동력이 배출될 수 있었던 것은 농업생산성이 향상되어서가 아니라 식량을 대규모로 수입할 수 있게 되었기 때문이라는 등의 결론은 가능하다.

노동시간은 늘고 여가시간은 감소

한편, 산업혁명 기간에 노동시간이 늘었다는 것이 통설이다. 예전에는 그냥 근거없는 추정만 했으나 얼마나 늘었는지에 관해 당시 재판기록을 이용한 추정이 최근에 이루어졌다. 범죄는 아무 때나 일어나므로 범죄가 발생한 날과 그 전날에 조사된 용의자와 증인의 기상, 출근, 식사, 퇴근, 취침 등의 행적으로 노동시간을 유추할 수 있다. 이에 따르면 성인남성의 노동시간은 대폭 증가했다(1750년 런던에서 연간 2,631시간, 1800년 3,538시간, 1760년 잉글랜드에서 2,576시간, 1800년 3,328시간, 1830년 3,356시간). 그렇다면 그 시기에 노동생산성이 증가했다는 추계는 하향 조정되어야 할 것이다. 그리고 줄어든 여가시간을 고려할 때 생활수준은 그만큼 낮아진 것으로 보아야 한다.

규칙적 노동 정착, 백 년이나 걸려

산업노동의 공급은 양적이라기보다는 질적인 문제, 즉 노동의 본질적 변화라는 면을 고려해 보자. 이는 작업장(워크숍) 노동이나 농촌선대제 같은 전통적 방식의 노동에서 시간관념과 규율을 강요하는 근대적인 공장노동으로 변화하는 것을 고찰하는 문제다. 이 과정의 진행은 결코 순조롭지 않았다.

선대제 공업이란 상인이 농촌의 유휴노동력에게 원료와 도구를 빌려주고 제품을 만들게 한 다음 일정기간 후 이 제품을 회수하는 방식이다. 이 방식의 가장 큰 약점이 바로 노동과정을 통제하는 문제였다. 산업혁명기에 이러한 선대제 방식으로는 더 이상 대량생산을 감당할 수 없게 되자 일할 사람을 한 곳에 모아 과업별로 노동을 감독하고 규율을 강제하는 공장제가 성립했다. 공장제의 본질은 기계화 자체라기보다 결국 규율이자 노동을 지휘하고 통제하는 기제다.

18세기 후반 작업장의 장인이나 농촌의 가내수공업자는 여간해서 일터를 생소한 공장으로 옮기려 들지 않았다. 산업혁명 이전까지 사람들은 자연의 리듬에 따르는 삶에 오래 익숙해 있던 터였다. 경영자(공장주)가 해결해야 할 가장 큰 문제가 바로 노동자에게 시간엄수와 능률적인 작업수행에 관한 인식을 주입시키는 것이었다. 노동자들에게 이러한 인식이 정착되는 데에는 온갖 회유와 강제수단이 동원된 수십 년의 세월이 필요했다.

선대제 방식이 작동하던 시절에는 상인이 가내수공업자들에게 맡겼던 일감을 회수하고 다음 번 일의 자재를 보급하는 일이 대개 토요일 저녁에 이루어졌다. 이때 가내수공업자들은 맡은 일을 미루어두었다가 주로 목, 금요일에서야 부랴부랴 해치운 다음 주말에는 음주와 향락으로 지새우곤 했다. 이 여파로 그들은 월요일이 되어도 아직 일을 시작하려들지 않았다(성 월요일Saint Monday 습관).

하지만 동일한 시간에 상호 조정된 규칙적 노동이 필요한 공장에서는 이처럼 불규칙한 노동리듬을 제거하는 일이 절실했다. 공장주는 노동자에게 시간관념을 불어넣기 위해 종교적 계몽과 교화를 시도하고, 공장에서 각종 금전적·신체적 강제 등을 행사했다. 이에 노동자는 기계파괴Luddism와 태업으로 저항했다.

그러나 세대가 교체되면서 이러한 저항도 규칙적 노동리듬의 한계 내에서 노동시간의 단축, 시간외 작업수당을 요구하는 운동 등으로 변모한다. 즉, 토요일 오전근무, 하루 10시간 노동 등이 주창되면서 '성 월요일' 관습은 노동자들 사이에서 자취를 감춰 간다.

그렇게 되기까지에는 아주 오랜 세월이 걸렸다. 예를 들어 1766~1876년 버밍엄 사람들의 일기를 보면 이 관습의 흔적이 19세기 후반까

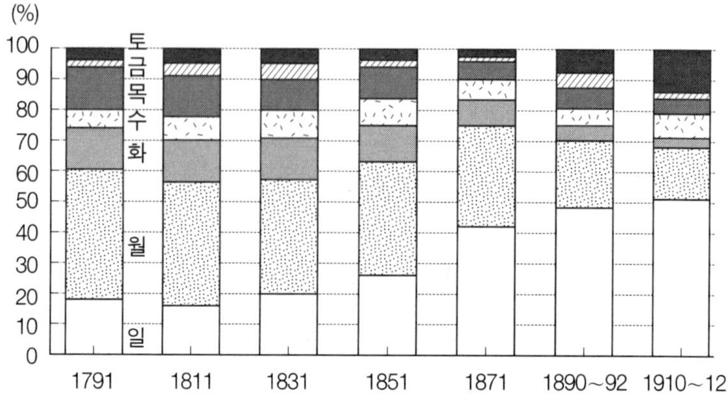

자료: Reid(1996)

〈그림 4〉 요일별 결혼(버밍엄 1791~1910)

지도 남아 있었다. 버밍엄, 브리스톨, 블랙번, 맨체스터의 교구교회 혼인기록을 다룬 최근 연구에 따르면 월요일에 결혼식을 올리는 비율이 20세기 초까지도 높게 유지되었다(그림 4).

이와 같이 아마도 충동적으로 일하는 것이 본능인 인류에게서 정확하고 능률적인 산업노동자 계층이 형성되는 일은 여러 세대에 걸친 작업이었다. 실제로 당시 노동자들은 공장취업을 마치 군대나 감옥에 가는 것처럼 여겼다는 기록이 많다.

공장제 본질은 규율과 통제

그러나 공장제의 궁극적 성패는 기술진보를 수반했는가에 달려있다. 상대적으로 높은 임금을 받기 위해 노동자들이 자발적으로 노동규율에 동참했다는 연구결과도 있다. 또한 미국에 비해 영국 노동자가 공장규율에 늦게 적응한 것을 영국 농업노동의 계절성이 더 심했기 때문으로 보기도 한다. 즉, 영국 농번기와 농한기 노동의 격차가 매우 컸다는 것이다. 프로이센(독일) 같은 후발공업국에서는 동부에서 해방된 농노가 산업노동자층을 형성했다. 저개발국의 공업화에서는 농촌 과잉인구가 도시의 노동시장을 지속적으로 압박하는 요인이 되었다.

오늘날은 서비스업 부문의 확장과 IT기술의 전파로 자율적 시간선택, 재택근무 등이 늘어나면서 다시 노동리듬이 달라지고 있다. 노동의 양상과 입지의 변모가 파동의 주기를 채운 느낌이다.

제9장 · · ·

영국 산업혁명과 아동 · 여성노동

근대적 산업자본주의 노동자군 탄생

19세기 영국의 산업혁명기에 작업장(워크숍)의 장인이나 농촌의 가내 수공업자는 공장에서 지급하는 임금이 상대적으로 높아도 공장노동을 하려들지 않았다. 그래서 공장 생산에 적응할 산업노동자군이 형성되기 전까지는 여성, 아동, 외국인이 주로 공장 일을 했다. 이는 거의 모든 나라가 공업화 초기에 겪는 공통된 현상이다. 여성 · 아동노동의 동원은 인구의 성별, 연령별 구성, 교육, 가족제도 요인뿐 아니라 새로운 생산기술의 도입과도 밀접히 연관된다. 산업혁명은 석탄, 직물, 철강 등 광범한 분야에서 이루어졌으나 선발주자는 면직이었다.

면직업의 주요 기술혁신인 제니 방적기와 수력 방적기 기술은 단기간에 익힐 수 있고 강한 체력이 필요하지도 않았다. 그래서 여성 · 아동노동이 유용했다. 수력을 쓰는 초기 공장을 수력이 풍부한 지역에 세우다 보니 인근에 인구가 적어 노동력이 부족했다. 이 공장에 18세기 말부터 인구가 급증한 인근 교구의 구빈원 원아들이 이송되어 몇 해씩 노동했다. 그러다가 증기를 쓰는 공장이 인구가 조밀한 탄광지대에 들어서면서 노동력 부족난이 해소되자 구빈원 노동이 사라졌다.

수공업자들이 공장 꺼려 여성 · 아동이 담당

이후 구빈원 원아가 아닌 일반 미성년 노동고용이 널리 퍼졌다. 그러나 쉽게 예상할 수 있듯이 아동노동은 다른 면에서 더욱 중요했다. 아동노동은 유순했고 성년 노동자보다 통제하기 쉬웠으며 임금 부담도 가벼웠던 것이다. 이들에 가해진 각종 체벌 이야기는 끔찍하다. 산업혁명

〈표 1〉 영국 각 산업의 아동고용상황(1833~1834)

산업		최소 고용연령 (세)	아동연령 분포 (세)	일일평균 노동시간 (시간)	총노동자수에 대한 16세 미만 아동의 비율(%)
면직		8	8~18	13	35
레이스		4	4~14	12~13	40
모직		6	6~18	12~13	40
견직		6	6~18	12~14	46
아마		6	7~14	12~13	40
탄광		4	4~12	8~18	22
금속광산	지하	7	7~12	8	-
	노변	5	5~12	10~12	-
굴뚝소제		4	4~8	12	-

자료: 양동휴(1994: 298)

말기에도 아동노동의 비중은 컸다(표 1).

1830년대에 기술이 더욱 진보하여 신형(新型) 뮬, 자동 방적기 등이 도입되었다. 가계소득이 증가하고 아동노동규제법이 실시되면서 아동노동의 비율이 감소했다. 공장의 규율과 정확성에 단련된 신세대가 성년이 된 것이 바로 이 무렵이다. 요컨대 아동노동은 산업자본주의가 최초로 뿌리내리는 결정적 시점에 근대적 산업노동 형성의 맹아를 제공했다.

임금노동의 확대에 따라 성인남성, 여성, 자녀의 일터가 각각 분리되었고, 가족의 유대가 느슨해지거나 성인남성의 가부장적 권위가 하락하는 면도 있었다. 자녀가 공장에 취업하고 나면 부모의 통제에서 벗어나 독립할 수 있게 되는 동시에, 저임금 · 고용불안이 닥치면 예전보다 더욱 열악한 위치로 전락할 가능성도 커졌다.

이 시기에 아동노동의 복지는 하락했다. 18세기 말 이후 유아사망률은 계속 감소하지만 위생조건이 나쁜 공장지역 노동자의 평균수명은 20세 미만이었다. 1840년경 공장지대 노동자 자녀의 60%가 전염병 때문에 5세 이전에 사망했다.

영국 초등교육 의무화 시기는 상대적으로 늦어

공장제의 열악한 노동조건이 대중과 의회의 공격대상이 되면서 1802년부터 여러 차례 공장입법이 제정되었다. 특히 1833년의 공장법은 사실상 효력을 가진 최초의 공장법으로, 모든 직물공장에서 9세 미만의 아동고용을 금지하고 그 이상 연령의 아동에게는 노동시간을 제한하는

〈석탄 수레를 끄는 소녀〉. 1842년 탄광법Mines Act 제정에 기여한 그림으로 브리티시 라이브러리에 소장되어 있다.

규정이 마련되었다.

또한 공장주가 초등교육을 의무적으로 담당하게 했다. 이것은 교육을 가족경제에서 분리하여 의무교육을 법제화한 것을 뜻한다. 근대적 의무교육이 없던 시절에 이러한 공장법의 의미는 컸다. 하지만 영국에서 초등학교 무상 의무교육이 일반화되는 시기는 19세기 말이다.

유럽에서 전통적으로 여성은 주로 우유 짜기, 방적 일, 남성은 쟁기질, 직조 일을 하는 성별 분업이 있었으나 이 분업이 엄밀히 구분되지는 않고 대부분 가족단위였다. 여가생활은 남성은 선술집, 여성은 뜨개질, 잡담 등의 집단행위로 저녁시간을 보냈으며, 출산(세례), 결혼, 장례 등 집안행사도 온 마을 사람들이 참여하는 공동체적인 삶이었다. 어느 한 가정 내에 사건이 생겼을 때 이웃들이 조직적으로 개입하는 '샤리바리' charivari 등의 관습이 공동체적 삶의 흔적을 보여주는 대표적 예다.

하지만 18세기 말~19세기 초에 영국의 중산층에서부터 이러한 관습

〈표 2〉 기혼여성의 노동참여율 추이 (단위: %)

연도	고임금 농업	저임금 농업	광업	공장	outwork (옥외노동)	상업	임시직	계
1787~1815	54.8 (42)	84.9 (99)	40.0 (5)	36.8 (19)	45.5 (22)	62.5 (8)	100.0 (1)	65.7 (196)
1816~1820	34.2 (38)	-	27.8 (54)	4.2 (24)	41.9 (198)	30.0 (30)	66.7 (3)	49.4 (347)
1821~1840	22.2 (45)	84.6 (136)	33.3 (6)	85.7 (28)	54.3 (94)	62.5 (8)	66.7 (12)	61.7 (329)
1841~1845	40.0 (5)	55.6 (9)	9.4 (32)	100.0 (2)	72.7 (44)	100.0 (1)	0.0 (1)	57.5 (94)
1846~1865	47.8 (46)	63.0 (81)	0.0 (1)	100.0 (5)	69.1 (55)	42.9 (7)	-	45.3 (195)

주: 가계연보자료에서 추계한 것이므로 관측치의 수가 서로 달라 소그룹끼리의 비교는 유의하지 않을 수 있다. 괄호 안은 관측치의 수. 가로축은 남편의 직업.

자료: Horrell and Humphries(1995a: 98)에서 계산

이 사라지고 공동체적인 삶보다는 핵가족화 현상이 두드러지기 시작했다. 이것은 또한 여성 임금노동이 확산되는 것과도 관련이 있다. 면직공장 노동력의 절반 정도가 성인이나 미성년자를 막론하고 여성이었다. 직물업 공업화로 여성에게 고용기회가 확대된 셈이다. '가계생산양식'에서 '가족 임금경제'로 이행하게 된 것이다.

물론 직물업은 예외라 할 수 있고 거시적으로 보면 여성은 기계화되지 않은 전통부문에 취업하는 일이 훨씬 많았다. 1851년 통계를 보더라도 일하는 여성인구의 40%가 가내하녀였다. 도시의 성격에 따라 고용형태도 달랐다. 직물공업 도시에서는 14세 소녀의 76%가 공장노동자였고 30세 미만 공장노동자의 40%가 여성이었으나 상업도시에서는 여

성노동의 60%가 가내하녀였으며 30%는 수공업, 소상업에 종사했고 린넨亞麻 같은 근대적 부문에서 여성은 1% 정도만 고용되었다. 광업도시 같은 곳은 여성노동의 비율이 매우 낮고 대부분 소상업이나 의류제조 등에 고용되었다. 공장노동을 하는 여성 중에는 미혼여성과 독신여성의 비율이 컸다.

여성노동의 삶 사이클도 변화

새로운 성별 노동분업도 등장했다. 남성이 가족을 부양하고 여성은 무보수 가사노동, 육아, 가내수공업에 집중했다. 극빈층 여성이나 미망인은 미혼여성처럼 가정 밖에서 전업 임금노동을 했다. 일반적으로 여성의 임금노동은 허드렛일이었고 독립적 생활이 가능하지 않은 수준의 임금을 받았다.

왜 성별 분업이 형성되었는가에 대한 해석은 분분하다. 산업사회의 노동이 가사노동, 육아 등과 병행하기 어려워 기혼여성이 진입하기 어려웠기 때문이라든가, 초기 도시의 빈곤상황에서 산업사회에서 살기 위한 생존전략으로서 그렇게 되었다든가, 좋은 직업을 남성이 독점하려는 가부장적 욕구 때문에 또는 새로운 산업체계에 대한 집단적 반응 때문(예를 들어 풍기문란 예방 등) 등등으로 주장되기도 한다.

한편, 산업화는 여성에게 한 가지 변화만이 아니라 삶의 사이클을 가져다주었다. 어린 시절에는 노동자로 가족경제에 중요 역할을 했다. 결혼하면 자녀 나이에 따라 여성노동의 리듬이 다시 바뀌었다. 즉, 여성노동이 어느 나라에 존재하는가가 중요한 것이 아니라 국경을 초월하여 어떤 산업화 단계와 구조에 놓여 있는가가 곧 여성의 삶을 결정했다는 것이다.

지금 우리 사회에 아동노동은 눈에 띄지 않으며 고급 여성인력도 급성장했다. 그런데 미숙련노동의 많은 부분을 담당하게 된 외국인 노동에 관한 부끄러운 뉴스가 많이 등장한다. 공업화 초기의 바람직하지 않은 경험이 재현되지 않도록 지혜를 발휘할 필요가 있다.

제10장 · · ·
산업혁명의 확산

후발공업국의 영국 따라잡기

영국에서 산업혁명이 일어난 이후 유럽 대륙(후발공업국)의 공업화 유형에 관해서는 그 자체로서도, 또한 제3세계의 물질적 개선책에 대한 해답을 얻으려는 시도로서도 활발한 논의가 있어왔다. 이를 살펴보면 최초의 산업국 영국의 공업화가 오히려 예외적인 경우에 해당한다. 또한 다른 나라들이 공업화를 하기 위해 굳이 영국식 모델에 따를 필요가 없고 여러 대안을 고려할 수 있다는 것도 확인된다. 예를 들어 영국과 달리, 필요하면 자본동원을 위해 대규모 은행이나 국가가 나설 수 있다는 것이다.

공업화 패턴이 다양했다는 것은 공업화가 자동적으로(혹은 '역사의 발전법칙' 에 따라) 발생하는 것은 아니라는 뜻이기도 하다. 이것은 또한 "산업자본주의가 왜 영국에서 일어났는가" 하는 질문과 "산업자본주의가 왜 영국에서 먼저 일어났는가" 하는 질문이 똑같은 질문인가, 혹은 별개의 다른 질문인가를 묻는 물음과도 관련된다. 이에 관해서는 독자들이 스스로 생각해보는 과제로 남기기로 하자.

1750년에 영국과 후발공업국의 공업발전 수준은 거의 비슷했다. 1800년 무렵 영국이 선두주자로 나서면서 1860년까지 영국과 후발공업국의 격차가 점점 커진다(표 3). 후발공업국들이 공업화하는 시기와 정도는 다양했다. 석탄, 철 자원이 풍부한 벨기에는 영국 신기술을 도입하는 데 선구자였다. 프랑스에서 공업화는 점진적으로 진전되어 기계화와 공업산출 면에서 급격한 분출이 없었다. 이러한 프랑스식 공업화 패턴은 공장도시의 열악함을 피하는 좋은 사례로 주장되기도 했으나 1860년 이후 독일과 미국이 괄목할 성장을 보이면서 그 의미가 퇴색했

〈표 3〉 1인당 공업화 수준, 1750~1913(1900년 영국 100 기준)

	1750	1800	1830	1860	1880	1900	1913
영국	10	16	25	64	87	100	115
벨기에	9	10	14	28	43	56	88
미국	4	9	14	21	38	69	126
프랑스	9	9	12	20	28	39	59
독일	8	8	9	15	25	52	85
오스트리아-헝가리	7	7	8	11	15	23	32
이탈리아	8	8	8	10	12	17	26
러시아	6	6	7	8	10	15	20
중국	8	6	6	4	4	3	3
인도	7	6	6	3	2	1	2

자료: Bairoch(1982)

다. 1913년 무렵이면 대량생산 부문에서 독일이 영국을 맹추격하고 미국은 이미 1인당 생산이 영국을 능가한다.

후발주자의 이점

영국의 공업은 1789~1815년에도 계속 성장했다. 같은 시기에 유럽 대륙에서는 프랑스 혁명으로 인한 혼란 때문에 교역손실, 인플레이션, 사회불안 등이 발생하고, 나폴레옹 전쟁으로 영국과 대륙 간의 교통이 단절되면서 1815년에 유럽-영국 간 격차는 예전보다 더 벌어졌다. 이후 기계화로 영국 상품이 세계시장을 완전히 지배하자 대륙 나라들은 영국과 경쟁하기가 더욱 어려워졌다.

다른 한편으로 1815년 이후 유럽의 후발공업국은 공업화를 추진하는 과정에서 후발주자로서 누릴 수 있는 이점도 있었다. 우선 이들은 영국의 신기술과 자본을 이용할 수 있었고, 이때 영국의 기술자와 숙련공들은 기술이 확산되는 데 큰 역할을 했다. 제2차 세계대전 이후 유럽과 일본이 미국을 따라잡는 과정도 이와 유사하다. 물론 이 일이 순조롭지만은 않았다. 요즘에서야 확고하게 정착되기 시작하는 지적 재산권 개념이 그 당시에는 별로 알려져 있지도 않았기 때문에 어느 면에서는 '기술 절도 행위'가 요즘보다 더욱 활발했다.

영국은 특히 신기술의 해외유출을 막기 위해 1825년까지 숙련기술자의 출국을 법으로 금했다. 1843년까지 직조기계나 기타 장비를 수출하는 일도 불법이었다. 하지만 랭커셔 출신의 목수인 코커릴W. Cockerill은 1799년에 아들과 함께 프랑스령 벨기에로 몰래 빠져나가 면방적 장비를 만들었다. 그의 아들이 벨기에 남부 리에주Liege에서 기계, 증기엔진, 철도 기관차 등을 만드는 공장을 건설하자(1817) 영국에서 불법으로 출국한 숙련기술자들이 코커릴과 함께 일하기 위해 모여들었고, 그들 중 일부는 다시 유럽의 다른 곳으로 가서 자신의 회사를 차렸다. 그리하여 코커릴이 리에쥐 일대에 세운 공장들은 신기술과 이에 관한 정보가 모이고 또한 이것이 다시 전 유럽에 확산되는 당시 첨단산업 기술의 중심지 역할을 했다.

나폴레옹 전쟁 시기에 프로이센의 육군 장교로 영국에서 복무하던 하코트F. Harkort는 독일의 '제임스 와트'라고 할 수 있는, 독일 기계공업의 선구자였다. 그는 증기기관만이 아니라 이것을 다룰 줄 아는 영국의 숙련기계공, 쇠로 만들어진 보일러까지 값비싼 돈을 들여 루르Ruhr 지역의 계곡에 들여왔다. 그는 약 16년에 걸쳐 많은 난관을 이겨내고 엔진을 만들어 팔면서 명성을 얻었다. 그러나 그에게 돈을 대주던 후원자가 1832년에 거대한 손실을 초래했다는 이유로 그를 회사에서 축출했다. 그 당시 유럽의 기업가들 중 소수는 하코트처럼 영국이 성취한 것을 복제하고자 어렵사리 일생토록 엄청난 노력을 했다.

하코트 같은 예외적인 기업가도 있었지만 대부분의 유럽 대륙의 기업가들은 서서히 공장기술을 받아들였으며 수공업 방식도 이어갔다. 그리하여 공업화가 진전되는 동안에 유럽 대륙에서는 도시와 농촌에서 수공업 방식, 즉 농촌선대제도가 계속 확산되었다. 프랑스에서는 아티잔(수공업자)이 생산하는 사치품 공업이 계속 성장했다. 국제적으로 중산층의 소득 증대로 실크 스카프, 수제품, 향수, 고급 와인 등에 대한 수요

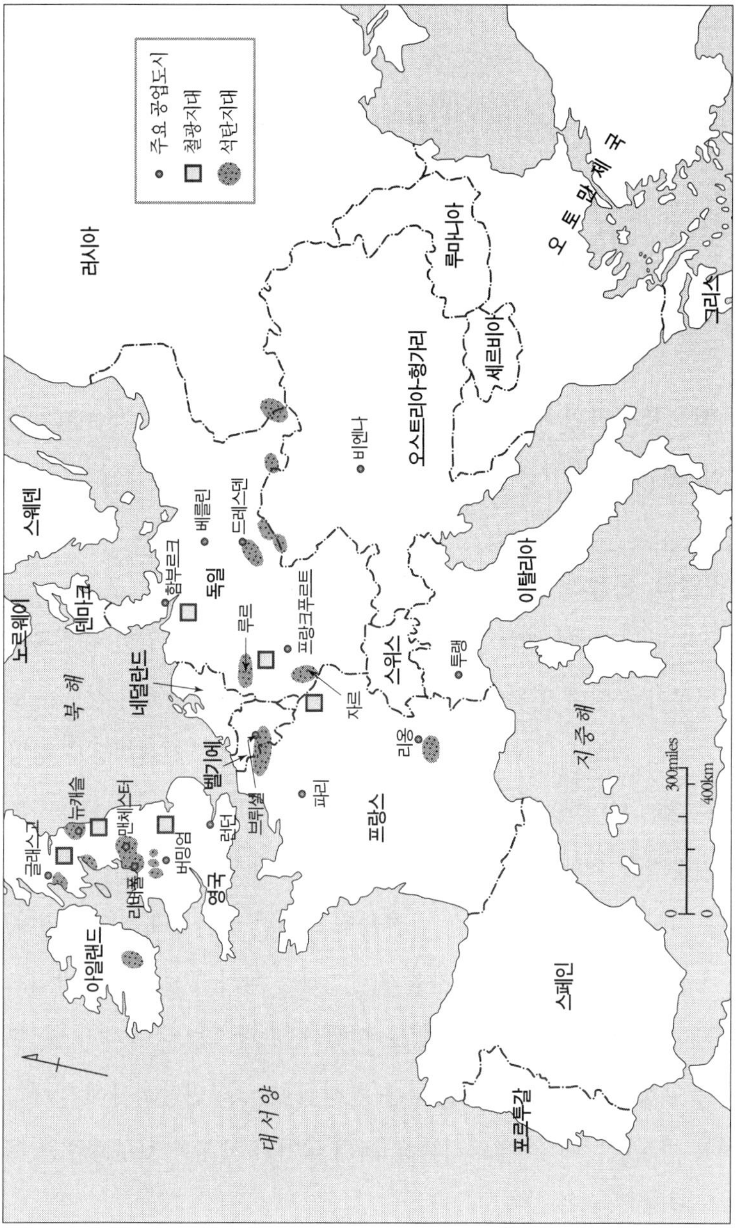

〈그림 5〉 공업화의 확산(1870년대)

가 커졌기 때문이다.

미국의 기업가 로웰F.C. Lowell도 1810년 영국을 여행하는 도중 카트라이트E. Cartwright 역직기power loom의 핵심기술을 암기해 미국에 유출시켰다. 그가 세운 보스턴 공업사는 원면부터 완성 의류까지 모든 공정을 감당하는 세계 최초의 일관직물공장이었다. 영국의 공장을 모델로 했지만 이를 개량한 설비였다. 그는 또한 일반에게 주식을 팔아 공장의 운영자금을 모은 근대적 기업금융의 선구자다. 요즘 말로 하면 결국 첨단기술을 빼돌려 복제한 범법행위라 해야겠지만, 여하튼 이 역시 후발공업국들이 영국을 따라잡는 과정catch-up의 한 면모였다.

후발공업국, 은행과 정부의 역할 중요

영국과 달리, 또한 미국을 제외하면, 후발공업국은 공업화 추진과정에서 정부가 수행한 역할도 컸다. 1815년 이후 후발공업국의 정부는 도로와 운하를 건설하고 대륙공업화의 선도부문인 철도건설비용도 상당한 수준으로 부담했다. 예컨대 벨기에는 새로이 독립국으로 탄생하면서 국가통합을 위해 1830년대에 국가 소유의 철도망을 건설하면서 중공업을 자극했다. 독일의 작은 나라들도 그러한 국가체계를 만들었다. 프로이센은 철도채에 대한 이자와 원금지불을 국가가 보증하는 방법으로 자본이 신속하게 조달될 수 있도록 했다. 프랑스는 국가가 터널, 다리 등을 포함한 도로 설비를 한 다음 완성된 도로를 민간회사에 임대하고 이를 감독했는데 이런 회사들은 대개 국가가 채무를 보증해주는 혜택을 누렸다.

중공업 위주의 공업화를 추진하는 데에는 필요한 자금규모도 커서 은행 역시 중요한 역할을 했다. 1830년대 벨기에의 두 은행이 이 면에서 선구자다. 은행이 유한책임회사로 설립되어 위험부담을 줄일 수 있게 되자 많은 투자자가 모여 산업발전에 기여할 수 있었다. 이와 유사한 은행이 1850～1860년대 프랑스와 독일에서도 정부와 협력하여 철도, 중공업 부문의 회사를 지원했으며 점차 유한책임회사로 조직되었다. 이들보다 더 늦게 공업화를 추진했던 러시아나 일본은 정부가 기술도입과 외자유치에 더 적극적이었다. 즉, 민간기업이 스스로 꾸려나갈 수 있을 때까지 정부와 은행이 나서준 것이다.

지금 초고속으로 성장하는 중국과 인도 역시 정부주도로 직접투자FDI나 아웃소싱을 유치하고 있다. 늦게 출발할수록 다양한 형태의 능동적인 정부개입이 공업화 초기에 필요하고 어느 정도 궤도에 오른 후 민영화하는 방식이 일반적인 듯하다. 이를 위해 시장이 원활하게 굴러가도록 법과 제도를 정착시키는 것도 중요하다. 최초의 산업국 영국은 이런 면에서도 예외적이었다. 세계적으로 본격적인 공업화에 돌입하는 지역이 부쩍 늘면서 소위 '짝퉁' 제조, 첨단기술의 유출, 산업스파이 등에 관한 뉴스도 더 빈번해지는 느낌이다. 이와 관련하여 공업화 과정에서 정부가 해야 할 역할이 더 추가되었다고 해야 할 것이다.

제11장 • • •

생활수준과 키의 역사

산업혁명으로 '맬서스의 덫' 벗어나

'근대적 경제성장'이란 인구가 증가하면서도 1인당 소득이 계속 증가하는 상황을 말한다. '산업혁명'이 이를 가능하게 했다. 그 이전에 인류는 주기적 기근에서 벗어날 수 없었다. 먹을 것이 많으면 사람들이 일찍 결혼해 자녀를 많이 낳고, 먹을 것이 귀해지면 결혼을 하지 않거나 미루고 자녀도 갖지 않거나 적게 가질 것이다('예방적 규제').

맬서스T.R. Malthus(1766~1834)는 인류가 이와 같은 자동조절 능력을 결여하여 식량 부족을 겪게 되며 그러다가 결국 질병, 기아, 전쟁이 닥쳐 인구가 급격히 감소하는 위기('적극적 규제')를 초래한다고 했다. 19세기 초에 공업화가 시작되기 이전의 세계는 이러한 맬서스적인 덫에 갇혀 있었다. 14세기 초와 17세기 중엽은 세계적으로 전염병이 기승하고 인구위기가 두드러졌던 대표적 시기다.

물질적 생활수준을 측정하는 지표, 즉 1인당 소득, 임금, 노동생산성 추정치도 이에 상응하여 움직였다. 18세기까지 이 수치는 지속적으로 상승한 것이 아니라 순환적으로 등락을 반복하다가 19세기 중엽에 가서야 명백히 호전된다. 영국 산업혁명기(1760~1830)에 1인당 소득성장률은 서서히 높아졌는데 도중에 임금이 하락하는 기간이 있었다. 또한 1750~1813년에 성인남성의 실질임금은 거의 변하지 않았고 1813~1913년에는 연율 1.2%로 증가하는 추세였다. 가족소득의 상승속도는 실질임금의 추계보다 상당히 낮았다. 소비수준과 이를 체계적으로 이용하여 추정한 소득수준으로 볼 때 산업혁명 기간 동안 생활수준은 나아지지 않았다.

인구학적 결과로써 생활수준을 측정하기도 한다. 18세기 말 이후 유아사망률이 계속 줄었는데도 위생조건이 극악했던 공장지역 노동자의 평균수명은 20세에도 미치지 못했다.

키는 생활수준의 중요지표

최근에는 생물학적 자료인 신체적 척도, 특히 연령별 신장기록 등도 생활수준을 측정하는 자료로 쓰인다. 인체성장학auxology의 진보에 따라 영양상태와 연령별 신장의 관계가 밀접하다는 것이 밝혀지면서 하층민이나 공장 근로자의 복지지표로서 역사적으로 신장기록이 분석되기 시작한 것이다. 예컨대 신체발달은 성년이 될 때까지 환경적 · 사회경제적 요인, 그리고 영양섭취에서 기초대사, 노동, 질병에 따른 소모분을 뺀 '순영양'에 의해 결정된다.

순영양이 태아 때 부족했다면 그 아이가 태어났을 때 신장과 체중이 감소한다. 발육기에 순영양이 부족하면 키가 성장하는 시기를 늦춘다. 심하면 성년이 되어도 단신으로 머문다. 영양부족 상태가 그다지 심하지 않은 상태에서 성장했다면 성장기가 끝난 연령이 되어도 영양상태가 좋아지면 키가 자란다. 영양상태는 식생활의 내용뿐 아니라 육체적 노동의 강도, 기후환경, 질병에의 노출정도를 반영한다. 따라서 연령별 신장과 체중, 신장의 연령별 성장속도, 성인이 되었을 때의 신장 등을 측정하면 특정 인구집단의 평균적인 영양상태를 정확히 알 수 있으며 세계보건기구WHO를 비롯한 여러 기관에서 이 척도를 이용한다.

산업화 이전에 유럽인의 영양상태는 오랫동안 순환적 부침을 겪었다. 장기적으로 경제가 좋아지면 인구가 증가하기 때문에 오히려 물질생활수준이 낮아지곤 했다. 경제뿐만이 아니라 정치, 사회 등 모든 면에서 '전반적 위기' 시기였던 17세기 후반에 작성된 프랑스 군대기록으로 추정한 당시 성인남자의 평균신장은 162cm였다. 18세기 초에는 호전된 기후조건, 농업생산 덕분에 이들의 평균 키가 12년 만에 약 4cm 커졌다. 이후 신장수준은 18세기 말까지 유럽의 다른 나라와 마찬가지로 작아졌다. 산업사회가 정착되고 공중위생이 개선된 후에야 각 집단의 평균 키가 계속 성장했다.

최근에는 유골연구가 발달하여 유럽과 미주대륙에 살았던 인류의 수천 년에 걸친 물질생활과 질병에 새로운 접근이 시도되는 중이다. 이에 따르면 지난 2천 년간 적어도 18세기까지는 생물학적 복지가 향상되지 않고 완만히 하락했다. 일단 맬서스의 음울한 진단이 사실로 확인된 셈이다. 인구동태, 기후, 환경, 사회적 불평등이 그 원인일 것이다. 19세기 초에 하층민은 1인당 소득이 늘어도 생물학적 복지수준은 향상되지 않았다.

영국 군인들의 신장지표로 판단할 때 사람들의 순영양 상태는 1760~1820년에 향상되었고 이후 약 반 세기 동안 악화되었다. 학자들은 1820년 이후 실질임금이 올랐다면 이는 높아진 노동강도에 따른 신체적 희생을 통해 이루어진 것이라고 해석한다. 소득수준은 높아졌으되 도시생활이 비위생적이어서 신체발달에 지장이 있었을 수도 있다.

1820년 이전의 상황에 대해서도 반론이 없지는 않다. 과거에 호주는 영국 범죄자의 유형지로 이용되었는데 이곳으로 유형된 범죄자의 키는 1770~1815년간 계속 작아졌다. 런던 경시청과 지방경찰 기록에 나타난 범죄자들도 1812~1857년에 신장이 하락했다. 1795~1820년간 잉글랜드 여성의 신장하락 속도는 남성이나 아일랜드 여성에 비해 빨랐다. 18세기 말까지 출생한 런던 머린 소사이어티 소년들의 평균 키는 지극히 작아서 14세 기준 135.5cm였다. 참고로 한국의 중학교 3학년 남학생(14세)의 평균신장은 1960년에 149.6cm, 2003년에 167.7cm다.

요컨대 영국 산업혁명기의 생물학적 생활수준은 비관적이었다. 유럽 후발공업국의 상황은 더 열악하여 19세기 전반 독일 작센지방 군인의 신장은 30년간 6cm 하락했다. 미국에서도 초기공업화가 진행 중이던 19세기 초에, 그리고 공업화가 확산되고 도시의 인구밀도가 높아지던 19세기 말에 평균신장이 감소했다.

〈표 4〉 남한(1997)과 탈북자(1999~2003)의 연령별 · 성별 신장(단위: cm)

	연령	20~21	22~24	25~29	30~34	35~39	40~49	50~59	60~69
남자	남한	170.8	171.3	171.7	171.3	169.6	167.9	166.5	164.1
	북한	164.9	164.9	165.8	165.8	165.4	165.0	164.6	164.4
여자	남한	160.6	160.2	159.3	158.3	157.3	156.7	153.4	151.2
	북한	154.0	155.2	155.2	154.6	155.0	154.6	153.3	151.8

자료: 박순영(2005)

결국 산업혁명기의 생활수준 논쟁들을 종합해 볼 때, 실질임금수준, 소비수준, 건강상태 등 어떤 척도로 보더라도 생활수준이 향상되었다는 쪽으로 쉽게 결론지을 수 없다.

한국에서도 신장기록에 대한 분석이 축적되고 있다. 학적부나 교육인적자원부 학생 신체검사, 징병검사, 의료보험 관련 진단기록, 산업자원부의 표준원 조사결과가 있다. 1900년대에 출생한 남성보다 1920년대 중반까지 출생한 남성의 평균신장이 약 2cm 더 크다. 또 1920년대 중반에 출생한 남자보다 1945년까지 출생한 남자 키는 약 1.5cm 작았다. 전자는 각종 '위생통제기구'의 효과, 후자는 1인당 식품소비의 정체, 통제경제체제와 전쟁 때문일 것이다. 서울대 박순영 교수가 최근 탈북자들의 체격을 분석한 바에 따르면 북한 어린이의 평균 키와 몸무게는 남한 어린이의 하위 5%에도 미치지 못한다. 60대 남자의 신장은 164cm로 남 · 북한이 비슷하나 20대 초반은 171cm와 165cm로 6cm 정도 차이가 난다(표 4).

기술진보와 공업화, 공중위생은 인류를 그토록 오래 가둬 두었던 맬서스의 덫에서 벗어나게 했다. 수확체감을 극복하고 순영양과 건강을

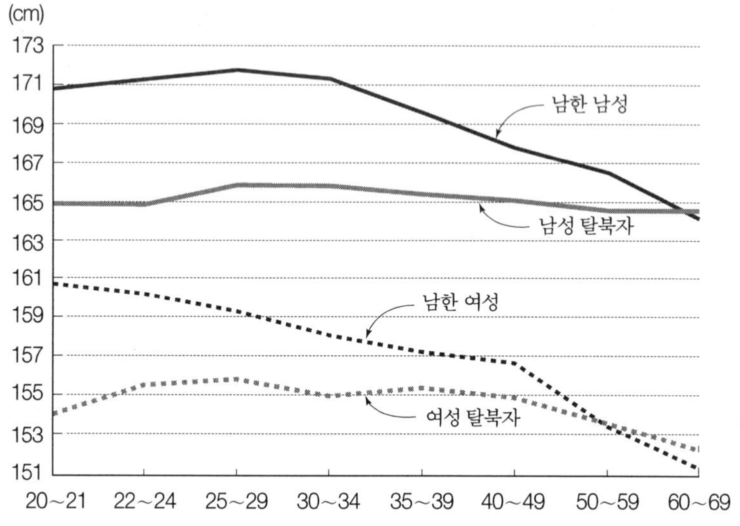

〈그림 6〉 남한 성인(1997)과 탈북자(1999~2003)의 성별 · 연령별 평균신장

지속적으로 누릴 수 있게 한 것이다. 이와 더불어 다산다사에서 소산소사로의 인구변천을 낳았다. 오늘날 우리가 맞닥뜨린 출산율 급감과 비만현상은 '덫'에서 풀려난 반작용의 소산이 아닐까?

제12장 ···

미국 동북부의 초기공업화

직물공장이 선도, 기계 · 제철 가세

조면기cotton gin 발명으로 유명한 엘리 휘트니Eli Whitney(1765~1825)란 미국인이 있었다. 어느 날 그는 자신이 만든 여러 모양의 소총 부품이 담긴 상자를 들고 워싱턴 D.C.에 나타난다. 소총 1만 자루를 정부에 납품한다는, 2년여 전의 계약을 이행하기 위해서였다. 그는 대통령(J. Adams) 앞에서 아무 상자에서나 무작위로 부품을 꺼내 다른 총의 부속과 갈아 끼우는 시범을 보였다.

당시 무기공장은 소총을 1년에 고작 250자루 제작했다. 총마다 하나하나 따로 만드는 수제품이라서 만드는 데 시간이 오래 걸리고, 고장이라도 나면 그 총은 쓸모가 없었다. 그럴 때 휘트니의 소총은 부품만 교체하면 되었다. 총포산업에서 부품의 표준화와 호환성 원리를 도입하는 '미국식 제조업 체계'가 주목받는 순간이었다. 이 방식은 공작기계 산업으로 연결되고, 자전거, 자동차, 기계도구 부문에 확산되면서 미국의 산업발전에 크게 기여했다.

악착같이 돈벌려는 태도도 한몫

미국은 땅이 넓어 자연조건의 분포가 다양했으므로 지역경제도 그에 상응하여 발전했다. 미국의 공업화는 1830년대 뉴잉글랜드(미국 동북부)에서 본격적으로 시작되었다. 동북부는 당시 영국경제의 영향을 받아 공장, 제조업 부문에 대한 투자가 일찍 이루어졌다. 남부경제의 근간은 흑인 노예노동을 이용한 상품작물(면화, 담배, 쌀, 사탕, 인디고) 플랜테이션이었다. 중서부는 밀·옥수수 경작과 소·돼지 축산을 포함한 대규모 가족농업이 주류였다.

문화적으로도 달랐다. 미국 사람들은 악착같이 돈을 벌려는 동북부의 사람들을 '양키'라 불렀다. 지금도 '양키'는 동북부 사람들에 대한 다른 지역 미국인의 지역감정이 담긴 표현이다. 동북부에 정착한 '양키'는 제조업이 중심을 이루는 그 지역경제의 특성상 미국의 독립과 연방제 확대의 혜택을 크게 받았다.

미국의 역사는 지방자치적 민주주의에서 중앙집권이 강화되는 쪽으로 진행되어 왔다. 그러한 역사에서 연방정부가 강화된다는 것은 미국 내의 서로 다른 지역경제를 통합하여 이를 자유무역지대로 만들어간다는 뜻이기도 했다. 각 지역의 통화가 통합되는 일은 매우 늦게 일어났고 통화통합 이후 자본과 노동 이동, 비교우위에 따른 지리적 특화가 더욱 진행되었다.

미국도 직물이 초기공업화를 선도했다. 산업발달의 규모순으로는 면방직, 구두, 남성피복, 목재 등이며 나중에 제철, 기계가 가세한다. 일찍이 미국에 이민 올 때 영국의 완전한 직물공장 설계도를 암기해왔다는 일화로 유명한 슬레이터S. Slater가 동부의 로드아일랜드에 공장을 세우고(1793) 직포부문은 농촌선대제 방식으로 해결했다. 다른 사람들도 그를 모방했다.

그 후 로웰F.C. Lowell, 애플턴N. Appleton, 트레이시P. Tracy 같은 기업가들이 보스턴의 부유한 상인자본을 동원하여 영국인의 공장 설계도를 이용한 보스턴 직조회사를 매사추세츠에 세웠으며 동력기계도 공급했다(1813). 이 회사는 의류제조의 모든 공정을 기계화하고 표준생산, 단일판매대리점, 기숙사 제도 등을 도입했으며, 이후 뉴잉글랜드 공장들의 모범이 되었다. 이곳에서 처음에는 주변 농촌에서 일자리를 찾아 나선 젊은 여성들이 일하다가 차차 아일랜드 출신 이민노동자들로 바뀌었다.

면직공장의 성장과 함께 자본시장에서 주식거래가 시작된다. 주식투자자는 다양했다(상인이 50%, 전문직 종사자, 제조업자, 장인, 금융가, 금융기관, 신탁회사, 여성단체 등). 공장의 자금조달방법은 주로 주식발행이었고 보스턴 증권거래소가 뉴욕보다 일찍 성황을 이루었다. 소규모 회사 투자자금은 은행에서 조달되었는데 그 당시 은행들은 주 경계를 넘어 영업할 수 없었고 다른 지역에 지점을 설치하는 일도 금지되어 있었다.

따라서 당시 미국은행들은 지점을 개설하지 않은 단점은행unit bank이었다. 이 단점은행은 주로 은행과 관련된 사람들에게 대부했고, 은행의 이사는 은행을 금융 중개기관으로 경영하는 것이 아니라 은행을 통해 자기네 자금을 조달했다. 이것은 소위 내부여신insider lending이었으므로 요즘 같으면 법에 저촉되지만 당시에는 그런 식으로 예금자, 은행, 투자자가 서로 믿고 자본을 효율적으로 배분하며 운영되었다. 물론 이 방식은 연방규제가 영향력을 미치기 전에 쇠퇴했다.

상품작물에 의존한 남부는 공업화 느려

남부는 상대적으로 공업화가 느렸다. 노예제 방식으로 면화생산에서 엄청난 수익을 올리던 농업경영자(플랜터)들은 농산물 생산, 가공, 유통과 관련되지 않은 투자에는 관심이 없었으므로 이에 따라 공업화도 편향적으로 이루어졌다. 남북전쟁에 돌입할 무렵 남부 중화학 공업의 생산능력은 패전을 예견할 수 있을 만큼 북부에 비해 뒤떨어져 있었고 조선, 해운도 그랬다. 영국으로 수출되는 면화의 운송항구는 남부에 있는

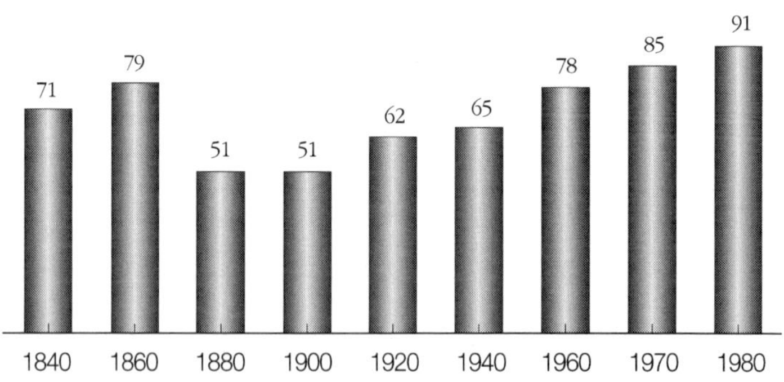

자료: 양동휴(1987)

〈그림 7〉 전국 평균 대비 남부의 1인당 소득(단위: %)

뉴올리언스나 찰스턴이 아니고 뉴욕이었다. 남북전쟁 이후 남부경제가 뒤진 데에는 남부가 패한 이후 북부의 남부에 대한 정치적 핍박 탓도 있었을 것이다. 하지만 남부의 경제적 근간인 플랜테이션 농업과 이와 관련된 산업들이 붕괴해버린 탓도 컸다. 이후 북부와 남부 간 소득격차가 회복되는 데에는 백 년 이상이 걸렸다. 이 회복에는 석유, 우주항공, 레저산업 등이 일어난 것에 힘입은 바 크다.

한 나라 안에서도 지역적 · 부문별 불균형 성장이 발생한다. 이탈리아와 터키 등 다른 나라의 예도 많다. 그로 인해 발생하는 폐해도 크다. 그렇다고 해서 지역적 불균등 발전을 위로부터 인위적으로 통제하려는 노력이 성공한 예는 드물다. 지방자치제와 국가균형발전이 서로 상충되는 개념이라는 것을 모르는 사람도 많은 것 같다.

제13장 · · ·

프랑스, 독일의 공업화와 제도개혁

공업화 위한 정부의 제도개혁이 중요

최근 어느 외국 경제주간지 기사에 따르면 "그동안 중국에 가려져 주목을 덜 받았지만 인도가 이륙take-off한 것은 확실하다. 제도개혁이 잘 되면 아주 높이 날 것"이라고 한다.

제3세계 빈곤의 원인을 선진공업국의 '제국주의적 착취' 탓에 돌리던 '종속이론', '비동맹'이 유행하던 게 바로 엊그제 같은데, 이제 세계 곳곳에서 19세기 서구의 산업혁명 시대를 방불케 하는 맹렬한 공업화 뉴스를 대하게 되었으니 격세지감이 아닐 수 없다. 19세기 유럽공업화의 경제사가 2000년대, 그것도 문화와 역사가 다른 지역에서 진행되는 공업화에 정형화된 모델을 제공할 수는 없겠지만 이에 즈음하여 유럽의 후발공업국이 최초의 산업국 영국을 따라잡기 위해 경주했던 노력

(제도개혁)을 돌아봄직하다.

후발국의 공업화 유형도 과정, 시기, 지리적으로 다양했다. 하지만 영국과 비교할 때 이들에 공통된 특징도 있었다. 공업화 과정에서 철도산업이 행한 역할은 영국보다도 후발공업국에서 더 컸다. 후발공업국에서는 철도를 포함한 대규모 자본이 소요되는 중공업의 발전과 함께 금융·경영기술도 진전되었고, 국가와 은행의 역할이 컸으며, 공업화 초기 단계부터 기업 통합이 추진되는가 하면, 기업 간 경쟁을 제한하는 일도 추구되었다. 또한 이들 나라는 영국보다 공업화의 정도가 덜 했고 농업이 차지하는 비중이 컸다. 대륙에서는 지리적·부문별로 공업화가 진행되면서 1880년대까지 농촌선대제 생산방식putting-out system이 더욱 확산되면서 경제의 이중구조가 오래 유지되었다.

프랑스, 점진적인 공업화

프랑스의 공업화는 점진적이어서 실로 '산업혁명의 물결'이 프랑스를 비켜갔다고 해도 과언이 아니었다. 여하튼 프랑스에서는 공업화가 진행되는 동안 인구증가의 속도가 느리고 출산율·사망률도 격감하는, 매우 특징적 인구동태를 보였다. 지리적으로 인구가 이동하는 정도도 덜하고 이민도 별로 없었다.

이는 프랑스의 상속제도가 분할상속제였던 것과도 관련된다(영국은 장자상속제). 즉, 프랑스에서는 재산이 자녀들에게 균등하게 분할되어 상속되었기 때문에 사람들이 물려받은 땅에서 계속 눌러앉아 살 수 있었다. 반면, 세대를 거치면서 개인이 소유하는 토지 규모가 계속 감소했고, 따라서 농업경영에 새로운 기술이 도입되기에는 불리했다.

또한 프랑스에서는 중세 이래로 봉건제가 오랜 세월에 걸쳐 서서히 해체되었기 때문에 농민층의 분해도 그다지 크게 이루어지지 않았다. 프랑스 혁명과 전쟁으로 사회혼란과 대규모 인플레이션이 야기된 것은 공업화의 측면에서 볼 때 매우 불리한 일이었다.

그러나 혁명 이후 도량형이 통일되고 행정과 교육제도가 개혁됨으로써 공업화에 유리한 면도 있었다. 『나폴레옹 법전』은 사유재산제도가 안정적으로 뿌리내릴 법적 근거를 마련해 주었고 재산을 상속할 때 유언자의 재량권을 확대시켜 줌으로써 토지소유자나 공장소유자의 권리를 보장했다. 이후 나폴레옹이 유럽을 지배하게 된 사건은 역설적이게도 프랑스보다 인근 나라의 근대화에 일조한 면이 있었다.

또한 프랑스는 이 시기에 중앙은행('프랑스 은행')을 설립하고 전국적인 도로망도 갖추었다. 빈곤을 치유할 목적으로 산업발전을 강조한 생시몽Count Henri de Saint-Simon(1760~1825)의 사상은 공업화를 추진할 이데올로기로서의 역할을 했다. 당시 유럽사회에서 프랑스인의 수요구조가 매우 독특하여 프랑스에서는 대량생산보다는 사치품을 만드는 소小 상품 생산자 위주의 공업이 성장한 것도 프랑스 공업화의 주요 특징이다. 프랑스의 교육제도에서 그랑제콜Grandes écoles이 대학을 제치고 고등교육을 주도하고 있는 것도 이러한 역사의 산물이라고 할 수 있다.

독일, 위로부터의 개혁

독일의 공업화 역사에서 중요한 특징 가운데 하나가 지리적 다양성이다. 중세 이래 서부독일 지역은 서유럽과 유사한 사회경제적 경로를 걸었으며 동부 지역은 동유럽과 유사했다. 독일에서 공업화에 기여한 주요 정치적 개혁은 대략 세 가지다.

첫째, 농노제를 폐지한 개혁이다. 서부독일에서는 영주와 농민 간의 인적 결합이 오랜 기간에 걸쳐 해체되어 오면서 이미 18세기에 이들 인구 가운데서 공업노동력을 충원할 수 있는 상황이었다. 세습농노제가 유지되던 동부독일에서는 농노해방을 거쳐 노동력이 공업중심지로 자유롭게 이동할 수 있게 되었다. 공장지대로 이동한 농노는 이미 예전의 억압상태에 익숙해 있던 터라 새로운 공장규율에 비교적 쉽게 적응했다. 당시 시행된 토지개혁의 목표는 농민에게 땅을 나눠주려는 것이 아니라 땅을 가장 효율적으로 이용할 사람의 손에 두어 농업산출을 극대화하기 위한 것이었다. 이 개혁을 통해 과거에 농노의 노동으로 농장을 운영하던 영주는 이제 임금노동을 고용하여 더욱 넓어진 대토지를 운영하는 경영자(융커)로 탈바꿈하게 되었다.

둘째, 프로이센이 주도하여 이루어진 관세동맹Zollverein(1834)으로 독일지역을 통합한 단일시장이 성립될 수 있게 되었다. 관세동맹은 독일 회원국들 간에 관세를 부과하지 않고 지역 간 제품의 이동을 허용하며 비회원국에 대해서는 단일 관세를 부과한다는 것이다. 이는 관세동맹의 회원국들이 다음 세대에 단일 국민국가로 통일될 초석이 되었다. 신문기자이자 민족주의 사상가인 리스트F. List(1789~1846)는 "후진지역과 발전된 지역 간의 격차가 벌어질수록 그곳은 후진국으로 머물 위험이 더 커지며, 농업국은 가난할 뿐만 아니라 대외적인 방어능력도 떨어져 정치적 독립을 유지하기 어렵고, 결국 공업을 추진해야만 국가를 제대로 방어할 수 있다"고 보았다. 그리하여 그는 분열된 독일나라들 간의 관세동맹 형성을 지지하며 공업화 추진을 강조했던 것이다. 1840년대에 리스트의 '경제적 민족주의'economic nationalism는 독일에서 점차 큰 호응을 얻기 시작했다. 또한 그는 '유치산업infant industries 보호'를 주창하여 수입된 제조업품에 관세를 부과하게 했다. 오늘날 여러 나라가 사양산업을 보호하는 모습과는 대조적이다.

셋째, 19세기 독일은 국민교육 면에서 유럽 어느 나라보다도 앞서 있었다. 당시 정치적으로 진보한 영국조차 포스터교육법(1871) 이전에는 기초교육체계라 할 만한 것이 별로 없었다. 독일나라들은 이미 18세기에 초등학교 제도와 아동의무교육법안을 만들었다. 1830년 이후 거의 모든 독일인이 읽고 쓸 줄 알게 되어 19세기 말이면 징집된 군인의 문맹률이 0.05%로 유럽 전체에서도 가장 낮았다. 또한 독일은 중등교육과정에서 과학기술 교육에 많은 노력을 기울여 프로이센 고등학생의 약 30~35%가 실업학교Realschule에 다녔다. 유럽에서 19세기 말에 일어나는 2차 산업화(즉, 전기, 화학공업의 발전)는 19세기 초 영국의 산업혁명 시절과는 달리, 전문적인 과학기술 지식의 축적이 매우 중요해지는데 이때 독일은 독일에 축적된 이러한 지식을 바탕으로 고도성장가도를 달리며 영국을 능가한다. 독일은 훗날 나치 정권 하에서 고급인력이 해외로 유출되기 전까지 노벨상 수상자를 가장 많이 배출한 나라이기도 하다. 현재는 독일이 한동안 고등교육 부문에서 도외시했던 자유경쟁의 원리를 도입하려는 개혁이 한창이다.

이제 막 이륙하여 높이 날려는 인도도 교육개혁이 주요 현안인 모양이다. 우리나라의 경제성장도 양질의 교육과 높은 교육열에 힘입은 바 컸다. 그러나 요즘에는 중등교육의 평준화 때문에 경제발전의 원동력을 많이 잃고 있다는 생각에 안타깝다.

제14장 • • •

러시아의 공업화

군수산업에 집중한 기형적 발전

영화 『의사 지바고』에서 지바고가 프랑스 유학을 다녀온(서구화된) 토냐와 러시아를 한 번도 벗어나 본 적이 없는(슬라브주의적인, 혹은 서방세계의 자본주의에 '오염'되지 않은) 라라 사이에서 갈등하는 장면을 기억하는가? 이는 러시아를 '서구화 방식으로 근대화를 할 것인가', 아니면 '러시아 고유의 길을 갈 것인가'의 갈림길에서 갈등하고 고민하던 19세기 러시아 지식인의 모습을 형상화한 것 같다. 이와 관련하여 러시아 지식인 사이에서는 러시아가 서유럽에 속하는가, 아닌가에 관한 논쟁도 끊이지 않았다.

실제 러시아 역사에는 이에 쉽게 답하기 어려운 요소가 있었다. 러시아에서도 18세기 초 피터 대제Peter the Great(r. 1682~1725) 시대에 서방세계처럼 절대왕정을 성립시켰다. 서방세계의 사상과 서유럽인이 러시아에 소개되고 들어오며, 교육받은 신흥계급이 러시아 내에 형성되기 시작한 것도 이 시기였다. 하지만 러시아의 절대왕정은 서유럽의 절대왕정과 달리 군사독재적 성격이 강했다. 피터 대제의 서구화 노력이나 관심은 자신도 서유럽의 군주처럼 세련된 군대를 갖기 위한 소망에서 비롯된 것이었다.

이후 캐서린 여제Catherine the Great(r. 1762~1796)도 절대군주제가 최상의 정부형태라고 생각하고 이를 계몽주의 방식으로 지배하고자 노력했다. 나아가 캐서린은 서유럽의 계몽주의에 심취하여 러시아에 서유럽의 문화를 접목시키고자 애썼다. 그러나 푸가초프Emelian Pugachev가 스스로 차르임을 주장하면서 일으킨 대규모 농민반란(1773)을 계기로 여왕은 체제개혁을 포기하고 귀족에게 강력한 농민통제권을 부여하면서 억압적 농노제를 강화했다. 그리하여 러시아 제국은 귀족의 지지를 기반으로 존립하게 되었다.

근대화 위한 정부의 개혁

공업화를 하려면 농촌을 떠나 공장으로 이동할 유동인구가 필요하다. 하지만 이러한 역사를 가진 러시아는 19세기 중엽까지도 인구의 대다수(90% 이상)가 토지에 묶인 채 귀족인 영주에게 노동부역과 화폐지대를 바치는 농노였으며, 공업은 거의 발달하지 못했고 농업기술도 후진적이었다.

러시아가 크림 전쟁the Crimean War(1853~1856)에서 패배한 것을 계기로

러시아는 1900년을 전후해 공업화를 적극 추진하면서 철강과 석유공업 분야에서 미·영 등 선진국을 거의 따라잡았다. 사진은 1903년 상트페테르부르크의 푸틸로프 금속기계 공장

러시아도 근대화할 필요성이 부각되자 알렉산더 2세Alexander II(r. 1855~1881)는 농노해방령을 선포한다(1861). 국가가 군대를 재조직하려면 농민을 귀족이 아닌 국가가 직접 통제할 필요가 있었고, 이 농노해방령은 그런 목적에서 취해진 조치였다. 다시 말해 이 개혁이 공업화를 추진하기 위한 것은 아니었다. 하지만 결과적으로 이로써 공업화를 위한 전제조건은 일단 마련된 셈이었다. 그런데 러시아는, 오스트리아의 농지개혁(1848)과는 대조적으로 토지에 묶여 있던 농노가 농노의 지위에서 벗어날 수 있는 비용을 너무 높게 부과했다. 즉, 농노가 해방되면서 경작하던 땅의 절반을 받지만 그러기 위해서는 그 땅에 대해 높은 가격을 지불해야 했다. 그래서 이들 대부분은 결국 땅을 벗어날 수가 없었다.

토지개혁을 하면서 농민에게 분배한 토지의 규모는 너무 작아서 농업을 영세화했다. 또한 토지의 소유방식은 집단적이었고 생산된 물량 가운데 국가에 지불해야 할 몫을 촌락가구 전체가 단체로 책임졌다. 이러한 조치를 취함으로써 정부는 촌락을 사회의 한 단위로 정착시키고, 토지를 갖지 못한 농민층이 생성되는 것을 방지할 수 있으리라고 생각했다. 하지만 실제로는 농민을 토지에 더욱 묶어버리고 도시에서 일하던 농노까지 촌락으로 유입시키는 상황이 벌어졌다. 따라서 이 개혁이 공업노동자를 배출하기는커녕 오히려 이를 저해했다.

이러한 상황에서 노동절약적인 기술혁신을 이루기는 어려웠다. 농업생산성도 향상되지 못하여 농민경제는 불안했다. 토지의 가치는 제1차 세계대전 때까지 계속 상승했으나 그것은 소출에 따른 자본가치와는 무관한 상승이었다. 따라서 개혁의 효과는 공업화 면에서 볼 때 부정적이었다.

러시아에는 예로부터 공업화가 가능하지도 바람직하지도 않으며 농업만으로 살 수 있다는 주장도 분분했으나 여하튼 공업화가 진전된다. 1860년대 이후 러시아 정부가 민간 철도회사를 지원하면서 건설 붐이 일었다. 1860년대에 철도 길이는 1,250마일이었고, 1880년대에는 15,500마일로 늘었다. 이로써 곡물을 더 많이 수출할 수 있게 되었으며 차후 근대화를 위한 현금이 확보되었다. 모스크바와 페테르부르크 주변에 공업지대가 형성되고 근대적 공장노동자 계급도 서서히 만들어졌다. 공업 발전으로 군사력이 강화되면서 러시아는 남부와 동부로 영토 팽창을 추진했으며 이러한 팽창정책이 러시아 민족주의자와 극우주의자를 자극하면서 이들은 정부의 가장 강력한 지지자가 되었다. 또한 마르크시즘 사상이 확산되면서 1890년 이후부터 러시아 혁명운동으로 발전하기 시작했다.

러시아 공업화는 특히 1890년 무렵 정점을 이루면서 직물업뿐만 아니라 주로 군사력에 도움이 되는 중공업·운송 부문에서 성과를 거두었다. 공업화의 핵심지도자는 1892~1903년에 재무장관을 역임했던 위테Sergei Witte이다. 그는 독일의 리스트F. List에게서 영향을 받아 나라의 공업화 수준이 후진에 머물러 있으면 이것이 결국 국가의 위상을 위협한다고 생각했다. 그리하여 공업화를 적극적으로 추진했다. 우선 그는 서유럽을 따라잡기catch-up 위해 서유럽의 기술과 자본을 대거 유치하고 금본위제를 도입했다. 태평양 연안에 있는 블라디보스토크와 모스크바를 잇는 5천 마일의 거대한 시베리아 횡단철도 건설, 우크라이나 동부의 철·석탄공업 육성, 유치산업을 위한 높은 보호관세 도입 등도 그가 한 일이다.

1900년 무렵 러시아의 철 생산은 미국, 독일, 영국 다음으로 많았고 석유공업은 미국에 근접했으며, 세계 석유의 절반 정도를 생산하고 정제했다. 그래도 여전히 러시아 인구의 대다수는 농민이었다. 여하튼 차르 독재체제는 특정 부문의 공업화 면에서 서방세계를 따라잡기 시작한 것이다.

높은 세금으로 불황 겪기도

1900년에 러시아는 불황을 겪는다. 원인은 과잉생산과 금융붕괴 등이 거론되지만 높은 세금에 시달리느라 농촌인구가 피폐한 탓이 가장 컸다. 1905년 혁명 이후 스톨리핀P. Stolypin 총리는 농업개혁을 추진하여 촌락에 속한 집단적 토지소유권을 제거하고 좀 더 기업가적인 농민을 지원하여 러시아에서도 부농(쿨락Kulak)이 부상할 수 있게 했다. 그리하여 농민의 생활과 소비가 다소 호전되었고 농민의 재산처분권과 이주권도 이때 최초로 생겼다.

그런 다음 공업화의 주도권이 정부에서 은행으로 넘어갔다. 이제 공업화 추진에서 정부주도를 완화하는 것이 공업화에 유리한 상황이 조성되면서 적어도 1914년까지는 러시아도 부분적으로나마 독일과 유사하게 시장경제가 발달해갔으며 농민에 기초하고 있으나 공업화를 추진하는 경제를 다스리는 보수적 입헌군주제 나라였다.

경제사에서 일반적으로 러시아는 공업화의 선행조건을 정부가 마련하고 유도한 국가로 분류된다. 러시아는 러시아 혁명이 발발하기 전까지는 서유럽 공업국의 대열에 설 수 있는 면도 있었다. 하지만 외국 자본과 기술자 등을 마구 끌어다 전략적으로 특정 산업(군수산업)에 집중시키면서 국민의 생활수준의 향상과는 무관하게 기형적 발전을 하는 것이 과연 바람직한 공업화 방식일까. 더구나 러시아는 외국에서 빌린 돈을 제대로 갚아 본 적이 없다.

제15장 • • •

대기업의 형성: 미국

교통 · 통신산업이 대기업 산실

근대적 대기업modern industrial enterprise, 즉 여러 소단위 업체로 구성되어 피라미드 형태의 경영자 그룹이 운영하는 기업은 언제 어떻게 생겨났는가? 그것은 역사적으로 기술이 진보하고 시장이 커지면서 소단위 단일기업이 시장을 통해 자원을 배분하는 것보다 대기업의 자원배분이 더 효율적이 될 때 등장했다.

대기업은 반복적 거래를 내부화하여 거래비용을 줄이고, 구매, 생산, 분배를 결합시켜 시장 및 원료공급에 대한 정보비용도 절감하고, 원자재와 제품의 흐름을 긴밀히 계획 · 조정하고, 과정을 표준화하여 개개 단위의 인적 · 물적 자원을 신속하고 효율적으로 이용한다. 또한 전문경영인이 현물과 금융자산의 지속적 흐름을 가능하도록 하여 자본비용을 낮추면서 효율을 높인다.

이처럼 대량생산과 대량분배가 결합하는 대전환이 19세기 말 미국과 독일에서 일어났다. 그리고 제1차 세계대전 이후 영국, 프랑스, 일본에 파급되었다.

시장확대와 기술혁신의 진전

대기업이 탄생하게 된 배경은 첫째, 시장의 확대였다. 19세기 말에 인구증가, 도시화, 국민소득의 증대에 따라 시장의 절대적 규모가 커지고 교통·통신의 발달로 전국적 시장권이 성립되었다. 둘째, 기술혁신의 진전이다. 특히 이 시기에 서유럽과 미국에서 소위 2차 산업화가 진행되면서 신산업(전기, 화학 등) 부문의 기술혁신이 이루어져 대량생산이 이루어질 기초가 마련되었다. 예를 들어 파이프 라인 기술이 발달해야 대형 정유공장이 세워질 수 있는 것이다. 이러한 배경에서 19세기 마지막 4분기의 장기불황으로 기업들의 수직적·수평적 결합을 통한 산업조직의 독과점화가 이루어지면서 대기업화가 더욱 진전되었다.

미국에서 대기업은 교통·통신의 발달, 대량분배, 대량생산, 이어 대량생산과 대량분배가 결합하는 순서로 나타났다. 미국은 땅이 넓어 교통·통신의 발달이 중요했다. 기업이 넓은 지역을 포괄하려면 규모가 커야 했고 필요한 자금규모도 컸다. 당시 미국의 상업은행들은 지점망이 빈약하고 소규모여서 대규모의 장기적인 시설자금을 조달하기에 역부족이었다. 그래서 이미 19세기 초에 운하를 건설할 때부터 미국 정부와 런던 자본시장의 역할이 컸다.

19세기 후반부터 아주 빠른 속도로 건설된 전국적인 철도와 전신망은 한편으로는 시장을 확대하여 생산 및 분배에서의 혁신을 가능하게 했고, 다른 한편으로는 거꾸로 토목, 건축, 철강 산업을 활성화하고 투자금융시장을 발달하게 했다. 선점先占의 이득이 절대적이었던 철도와 같은 자연독점산업에서는 투자자금을 확보하는 것이 필수적이다. 이들 산업은 필요한 자금을 투자은행investment bank을 통해 주식·사채 등을 발행하여 조달했다. 이에 따라 발달한 투자은행은 이후 각 산업부문의 기업대형화에 큰 영향을 미쳤다.

미국의 철도산업 자체가 근대적 대기업을 탄생시킨 산실이다. 철도산업은 외부자금을 대규모로 동원하기 때문에 재무관리와 감사가 특히 중요했다. 열차충돌사고를 막으려면 중앙에 모든 정보를 집중시켜 신속히 처리하는 것도 중요했다. 기업규모가 커지면서 조직이 정비되고 전문경영인도 많이 필요했다. 기술진보와 회계방식의 혁신도 촉진되어 철도산업은 가히 미국 경영혁명의 효시를 제공한 산업이라 할 만했다. 19세기 말~20세기 초에 과잉투자, 카르텔 결성, 기업합병 등의 우여곡절 끝에 철도산업이 연방정부 직접규제의 첫 번째 대상이 된 것도 우연이 아니다.

대량분배의 등장, 즉 유통구조 혁신도 이때 이루어진다. 1870년대에 미국에서 수수료를 받고 상품을 판매하던 도매상이 이를 직접 구매·판매하면서 포장, 상표부여, 광고, 신용판매의 기능까지 갖춰 대형화하기 시작한다. 취급하는 상품의 규모가 커지면서 단위비용이 감소하고 이윤이 증가했다. 유통산업에서는 재고순환의 속도를 빠르게 하는 것이 규모보다 더 중요했다. 그래서 마케팅에 중점을 두어야 경쟁력이 있었고 또한 급성장하는 시장을 선점하는 것이 경영의 관건이었다. 이러한 전환은 교통 · 통신(철도 · 전신)의 발달, 계약 등의 거래기술 발달, 유통경로 단축, 상품운송의 정확성 제고 등의 여건이 마련됨으로써 가능해졌다.

이들 도매상들은 서부로 이동하면서 국내와 해외의 직접생산자에게서 상품을 매입할 수 있는 구매망, 그리고 농촌과 도시의 소매점 모두를 포괄할 수 있는 확장된 판매망을 조직했다. 이에 따라 중간상이 개입할 여지가 더욱 줄고, 남부와 서부의 점포주들이 1년에 두 번씩 동부시장으로 구매를 하기 위한 여행을 할 필요가 없어졌다. 1860년대 말까지 대체로 완전한 판매 · 구매망을 갖춘 대도매상들은 대부분의 소비재 유통을 장악했고 이들의 매출액은 그 이전의 위탁도매상의 기록을 크게 능가했다.

이처럼 19세기 후반 미국 유통구조에서 가장 중요한 혁신을 이룬 대도매상들이 그 지위를 잠식당하기 시작한 것은 유통경로의 양 극단에서 두 유형의 경쟁자가 출현하면서부터였다.

그 하나는 자체의 구매망을 조직하고 생산자로부터 직접 구매하여 최종소비자에게 판매했던 대소매업자였고, 다른 하나는 원료의 구매망과 제품의 판매망을 건설하기 시작한 제조업자였다. 대소매상들은 제조업체에서 구매한 상품을 소비자에게 직접 연결해 줌으로써 유통구조를 혁신시켰다. 백화점, 우편판매점, 연쇄점들이 그 효시다. 미국 백화점의 기원은 두 가지다. 하나는 도매업자가 취급상품을 소비자에게 직접 판매하기 위해 소매점을 설립한 후 점차 여러 가지 상품을 추가적으로 판매하면서 백화점으로 발전한 경우다. 다른 하나는 의류·잡화를 판매하던 소매상이 가구·보석 등의 추가매장을 만들면서 백화점이 되었다.

백화점은 남북전쟁 직후 뉴욕에서 가장 먼저 발달했다. 백화점이 존립하려면 좁은 지역 내에 집중적인 수요가 존재해야 한다. 그런 조건을 충족한 곳이 바로 1870년대 뉴욕이었다. 도시화가 진전됨에 따라 다른 곳에도 백화점이 세워졌다. 백화점으로 발전하는 과정은 도매상으로 출발한 상인 쪽보다 소매상에서 시작한 상인 쪽에서 더욱 빨랐다.

거의 모든 백화점이 박리다매 전략을 채택했다. 중간상을 배제하고 생산자에게서 직접 대량구매함으로써 구입원가를 낮추고 상품의 빠른 회전에 힘입어 마진을 축소하여 저렴한 가격으로 상품을 판매할 수 있었다. 백화점이 성장하면서 도시의 소규모 소매업자들이 크게 위협받았으나 도매상들은 도시가 아닌 지방점포를 주로 상대하며 여전히 시장을 장악하고 있었기 때문에 타격이 그리 크지 않았다. 하지만 통신판매점이 등장한 이후에는 이들도 사정이 달라졌다.

통신판매점은 농촌시장이 중요한 미국적 상황에 적응한 대소매상이다. 이들은 새로운 교통·통신수단을 백화점보다 더 적극적으로 이용하여 취급상품의 목록을 수록한 안내서를 소비자에게 발송하고 우편으로 주문받고 상품도 배달했다. 따라서 농촌의 구매자에게 접근할 수 있었다. 이 방식은 1890년대 들어 크게 확산·성장했다. 통신판매점은 제조업자와 직접 접촉함은 물론 자체 구매조직을 통해 필요한 상품을 확보하거나 직접 공장을 건설하여 상품을 생산하기도 했다. 그러면서 상품 구매, 주문 접수, 상품 발송 등의 모든 업무를 체계적으로 조직하여 대량의 상품을 빠르게 판매했다. 그 결과 20세기에 들어서 통신판매점이 백화점과 대도매상의 매출액을 압도하고 농촌의 소매상과 도매상의 존립도 위협하기 시작했다.

연쇄점chain store은 남북전쟁 이후 처음 출현했으나 20세기에 본격적으로 성장했다. 맨 처음 이들은 대소매상들의 활동이 별로 없던 부문과 지역, 즉 잡화나 의류보다는 식료품, 약품, 가구를 주로 취급하면서 대도시나 농촌지역보다는 소읍, 소도시, 대도시 교외지역에서 출발했다. 애초에 전국적인 시장보다는 지역시장 중심으로 발달했으나 1910년대에 크게 성장하면서 전국적인 판매망을 갖추었다. 특히 연쇄점은 1920년대 이래 자동차가 보급되고 이에 따라 교외지역들이 늘면서 지역적 소비수요도 빠르게 변화하는 상황에 잘 대응하여 다른 유형의 대소매상들보다 급속히 확산되면서 미국 대소매상의 전형으로 자리잡았다.

1920년대에 농촌시장이 퇴조하기 시작하면서 주요 통신판매점이 수백 개의 소매연쇄점을 각지에 만들었다. 백화점은 도시화의 진전에 발맞추어 도시 교외지역에 지점을 세웠다. 다른 형태의 대소매상들도 판매망을 만들어 확산시키는 전략을 채택했다. 이렇게 해서 1860년대에 시작한 소매업의 혁명이 일단락된다.

이제 다른 한 유형을 보자. 1880, 1890년대에 신산업 부문에 대량생산이 일찍 도입되면서 기존의 유통망으로 대량의 물량을 소화하기 어려워지기 시작했다. 그리하여 이들은 자체유통망을 만들기 시작한다.

즉, 제조업이 도매상 기능을 흡수하고 자체의 구매망도 조직하며 전국적으로 광고활동을 적극 전개했다.

이러한 산업에는 두 가지가 있다. 첫째, 연속공정기계continuous process machine를 도입하여 대량생산을 한 산업들이다. 이들은 교통·통신이 발달함에 따라 시장이 확대될 가능성에 대응해 새로운 기계를 도입하여 대량생산을 했다. 그러나 기존의 유통망으로는 상품이 제대로 처분될 수 없다는 것을 깨닫고 이에 대처하기 시작했다. 이러한 상품들(궐련, 성냥, 제분, 통조림, 사진필름 등 주로 포장된 저가 소비재 상품)은 상품 한 단위의 가격이 낮았으므로 더 이상 가격을 낮춰봐야 수요를 늘리기는 어려웠다. 그리하여 적극적인 광고를 하는 등, 유통 애로를 극복하려는 여러 노력을 하면서 직접 원료를 사들이는 일도 병행했다.

둘째, 유통에서 특별한 주의나 기술을 요하는 제품을 생산하는 산업들이다. 이는 다시 값비싸고 복잡한 신상품 기계제조업(농기계, 재봉틀, 타자기, 펌프, 엘리베이터)과 부패성 상품(포장육, 맥주, 우유)을 제조하는 산업, 두 유형으로 분류할 수 있다. 고가의 복잡한 기계들은 대부분 신상품들로서, 적극적인 광고와 판로개척, 사용방법의 설명, 소비자 금융, 애프터서비스, 수리 등이 판매를 위한 전제조건이었다. 따라서 이들 산업은 자체 유통망 건설이 절실했으며 대량생산에 소요되는 원료를 구매할 자체 구매조직도 만들어 직접 제재소, 제철소, 제강소 등을 소유하기도 했다.

또한 부패성 상품이 전국적으로 유통되기 위해서는 살균처리기술, 냉장차 개발과 도입이 필수적이었다. 예를 들어 1870년대 말에 도시화가 진행되고 있는 미국 동부에 식육 공급이 부족했다. 그런데 1850년대 이래 살아 있는 소를 많은 경비를 들여 동부로 수송했을 때 운반된 소의 60%는 먹지 못하고 버리는 부분이었고 수송도중 소의 중량이 줄거나 죽는 일도 많았다. 스위프트 같은 식육업자는 냉장차를 제조하여 서부의 식육을 동부로 수송하는 혁신적인 유통방법과 도살업을 한군데에 집중시켜 대규모 영업을 가능하게 함으로써 단위당 비용을 절감할 방안 등을 모색하였다. 그리하여 냉장차 운송, 도시마다 냉장창고와 판매사무소 설치, 운반에 필요한 인원과 장비 확보, 목축지역에 대규모 정육공장 건설 등 판매망을 갖추는 혁신을 이루었다. 이후 1880년대 말쯤이면 다른 도매업자들과 과일 · 맥주회사들도 스위프트의 전략을 따르기 시작했다.

이 산업들은 대량생산과 대량유통을 결합시켜 가격을 낮추고도 높은 이윤을 유지하며 과점적 지위를 확보했다. 선점한 기업이 조직한 자체 유통망이야말로 신규기업에게 가장 큰 진입장벽이었다. 때마침 장기 불황기(1873~1896)에 만발한 카르텔을 불법화한 셔먼법Sherman Act(1890)은 오히려 기업합병을 부추겨 독점적 산업조직이 형성되었다. 이때 비용절감을 이루지 못하면 과잉팽창의 결과 도산했으며 대량생산과 대량분배를 결합시키는 일에 성공한 식품, 기계, 전기, 화학, 석유, 자동차 등 신종산업에서는 기업집중과 대기업이 잘 유지될 수 있었다. 지금도 그리고 다른 나라들도 대기업의 산업별 분포는 이때와 비슷하다.

다품종 기업

1950년대에는 다품종 기업이 등장한다. 뒤퐁사는 제1차 세계대전 이후 과잉시설 문제에 맞닥뜨릴 것에 대비해 다각화를 시도한다. 기업 조직도 기능적 부서조직functional departmental structure에서 품목별 디비전 product division 조직으로 개편했다. 각 독립적인 품목 디비전에 회계, 구매, 제조, 판매, 연구개발 부서를 설치하고 중앙기획실은 장기적인 기획 조정, 평가에 주력하는 M형multidivisional form 구조다. 자본과 경영의 내부시장 형성으로 규모의 경제 실현, 장기적 평가와 기획의 기능, 다각화 전략의 제도화 등이 M형 조직의 대표적 장점으로 꼽힌다.

GM은 뒤퐁과 다른 방식으로 M형 다품종 기업으로 전환하면서 각 소득계층의 기호에 부응하도록 차종을 다양화했다. 이후 GM의 미국 자동차시장 점유율은 단일모델을 고집하던 포드를 앞질렀다. 1970년대 이후 비관련-다품종 대기업이 증가했다. 이들은 다각화보다는 기업 인수합병 방식으로 형성되었는데, 자본비용 절감, 합리적 경영자원 배분 등의 이점은 있으나 관련-다품종 기업보다 수익률, 국민경제에의 기여 면에서 뒤떨어졌다.

이어 독일과 일본의 대기업, 영국의 기업, 최근 벤처자본을 살핀 후 대기업의 공과를 평가하기로 하자.

제16장 · · ·

대기업의 형성: 독일과 일본

독일 대기업도 미국 모델과 유사

앞에서 살펴본 것처럼, 미국의 경험에서 볼 때 대기업으로 성공하려면 세 방향 투자가 잘 이루어져야 했다. 첫째, 설비투자가 생산기술상 규모와 범위의 경제를 실현할 수 있을 만큼 커야 하고, 둘째, 국내시장과 해외시장에 분배망을 형성하도록 투자가 이루어져 판매량이 생산량 수준으로 유지될 수 있어야 하며, 셋째, 생산 및 분배에 행한 투자효과가 충분히 달성될 수 있도록 경영자원에 투자해야 했다.

독일의 대기업들도 성장과 조직 면에서 이러한 미국의 모델에 가까웠다. 후발공업국 독일은 구산업(직물, 철강)과 신산업(기계, 전기, 화학, 자동차)을 동시에 일으키고 자본재 산업에 치중했으며 특히 중화학 공업에서 규모와 범위의 경제를 추구했다.

독일 역시 19세기 후반에 철도와 전신산업 부문에서 기업 규모가 시장의 확대와 함께 급속히 커졌다. 때마침 독일 역사상 최초로 실질적 통일국가가 형성되었는데(1871), 통일 후 독일의 인구 규모는 미국과 비슷했으나 인구성장률은 미국에 뒤졌다. 또한 독일의 인구는 영국보다 많았지만 도시에 거주하는 인구 비율은 영국에 크게 밑돌았다. 그래서 교통 · 통신시설의 확충에 따라 국내시장이 확대되는 정도가 미국만큼은 아니었어도 영국보다는 컸다. 또한 독일의 시장은 처음부터 유럽 전역이었기 때문에 시장의 확대가 기업 규모와 운영에 끼친 영향도 영국보다 컸다.

신용은행 만들어 자본조달

독일에서 철도와 전신산업은 국영이라서 미국처럼 새로운 경영모델은 되지 못했다. 하지만 철도건설에 소요될 전례없는 대규모 자본조달을 위해 신용은행Kreditbank이 만들어졌는데, 이것은 다른 부문의 기업이 성장할 때 자금조달 방식의 선례가 되었다. 신용은행은 일반 시중은행, 개발은행, 미국식 투자은행 등의 역할을 동시에 했다. 이는 독일형 종합은행으로 발전하여 단기 운영자금과 장기 대규모 시설자금 등을 대출하고 기업체가 발행한 주식 · 회사채 등 유가증권의 인수, 중개업무까지 담당하게 되었다. 독일은 자본시장의 발달이 늦어 이 기능을 국가와 은행이 대신하면서 이것이 독일식 기업지배구조의 역사적 연원으로 되었다.

실제로 영 · 미식 시장중심의 자금조달 방식과 독일 · 일본에서 행해

〈표 5〉 평균적 기업자금조달(1970~1985, 단위: %)

	미국	영국	일본	프랑스	독일
유보이윤	66.9	72.0	33.7	44.1	55.2
자본이전	0.0	2.9	0.0	1.4	6.7
차입	23.1	21.4	40.7	41.5	21.1
무역신용	8.4	2.8	18.3	4.7	2.2
채권	9.7	0.8	3.1	2.3	0.7
주식	0.8	4.9	3.5	10.6	2.1
기타	-8.8	-4.9	0.7	-4.7	11.9

자료: Allen and Gale(2001)

지는 은행중심의 조달 가운데 어느 쪽이 더 우월한지에 관한 이론적 합의는 없다. 주인-대리인 문제, 정보 비대칭성, 도덕적 해이, 무임승차자 문제, 불완전경쟁 등 시장실패가 개입되기 때문이다. 선택은 역사적으로 경로종속(출발에 따라 과정 · 결과가 결정되는 것)의 한 예일 뿐이다.

기업 대형화와 업종 다변화로 기업경영이 복잡해지자 경영업무가 전문화 · 조직화될 필요가 생겼다. 영국과 달리 산업교육에 충실했던 독일에서는 과학 · 경영기술이 발달했고 기업에 필요한 전문기술과 경영인력 공급이 잘 이루어졌다. 그리하여 중간 경영조직을 착실하게 구축할 수 있었다.

출발부터 세계시장을 상대로 한 독일의 대기업들은 앞선 영 · 미 기업과 치열하게 경쟁해야 했다. 그래서 국내에서는 기업들끼리 경쟁을 피해 합법적으로 협동 · 담합했다. 이러한 인식은 독일의 대기업들만이 아니라 독일국민 전체가 공유했다. 카르텔 협정을 맺은 기업이 이 협정을 위반한 상대기업을 고소하여 승소한 사례까지 있었다. 카르텔 방식이던 기업 간 협력체제가 제1차 세계대전 이후부터는 더 강력한 I.G.(판매, 구매, 연구개발을 함께 하고 이윤도 통합해 생산하지만, 각 기업의 법적 · 행정적 지위는 각기 유지되는 연합체)나 콘체른으로 발전했다. 이러한 일은 기업들이 자금조달을 종합은행에 의존하는 터라 더욱 진전되고 강화되었다. 종합은행으로서는 자기네 자금을 대출받아간 기업들이 출혈경쟁하기보다 서로 협조하는 것이 바람직했고 실제로 은행이 강력한 영향력을 발휘하여 기업 간 협동을 유도했다.

소유와 경영의 분리

기업들 간의 공동행위가 정착하면 개별기업의 대주주가 해당기업을 장악해도 이 기업집단의 경영방침이 어느 한 대주주 마음대로 되기 어렵다. 따라서 가족경영자의 의지가 기업경영에 반영되는 폭이 그만큼 감소한다. 또한 은행대표가 기업에 미치는 영향력이 커서 가족경영자의 경영통제력은 더욱 제한된다. 주주총회가 선출한 감사들로 감사회를 구성하여 이사회를 감독하는 독일 기업들의 '복수이사회' 제도 또한 가족경영자의 영향력을 감소시키는 데 한몫했다. 이 제도는 1884년에 법률로 확정되어 독일의 주식회사들은 기업경영의 업무를 직접 주관하는 이사회Vorstand와, 이사를 선출하고 이사회의 업무를 감독하는 감사회Aufsichtsrat를 두게 되었다. 이 감사회를 통해서 은행의 대표가 기업경영에 개입했다.

이 제도가 정착되면서 독일 대기업들의 경영권은 주주총회의 직접지배와 거리를 둘 수 있었다. 1950년대에는 공동결정제도가 도입됨에 따

〈표 6〉 나라별 20대 상장기업의 지배주주(20% 이상 주식소유)(1995)

	지배주주 없음	개인/가족	국가	금융기관	비금융기업	기타
영국	1.00	0.00	0.00	0.00	0.00	0.00
미국	0.80	0.20	0.00	0.00	0.00	0.00
프랑스	0.60	0.20	0.15	0.05	0.00	0.00
한국	0.55	0.20	0.15	0.00	0.05	0.05
일본	0.00	0.05	0.05	0.00	0.90	0.00
독일	0.00	0.10	0.25	0.65	0.00	0.00

자료: Morck and Steiner(2005)

라 감사회의 절반이 노동자 대표로 구성되면서 지배적 대주주의 경영 통제권은 더욱 감소했다. 이러한 여건에서 더욱 복잡해져 가는 업무에 대한 경영권은 소유가 집중된 대기업이라도 소유와는 무관한 전문경영자가 장악하게 되었다. 가족경영이 감소하는 추세는 1930년대부터 뚜렷하다. 대형화하기 위한 투자가 완료되고 전문경영자가 경영권을 장악하고 나면 대형화를 추진하던 초기에 컸던 은행대표의 영향력도 줄었다.

일본, 은행과 종합상사를 통한 재벌 성장

일본은 직물업에서 공업화가 시작되어 1920년대 이후 빠르게 중화학공업으로 이행한다. 초기에는 정부의 투자가 중요했으나 차츰 재벌이나 대자본이 공업성장을 주도했다. 러일 전쟁(1905) 후와 제1차 세계대전 이후의 만성적 불황기에 방적, 제지, 광산업 등에서 주력기업에 의한 기업합병이 진행되었다. 은행들도 이때부터 합병 · 합동으로 집중하기 시작하는데 1930년대에 이미 5대 재벌은행이 예금고의 40%를 지배했다. 과점적 대기업은 경영합리화를 추진하는 한편, 업계단체를 결성하고 카르텔 활동을 전개했다. 1930년대에는 신흥 중화학공업에 전문화된 신흥재벌이 나타나 이후 군수산업화에 역할이 컸다. 소수 대기업이 여러 산업부문을 지배했으며 은행부문도 집중되었다. 재벌의 콘체른화 과정에서 기관은행과 상사가 주요 역할을 했다. 재벌계 은행은 자본조달을, 상사는 국제유통조직을 통해 판로를 확보했다.

재벌이 해체된 제2차 세계대전 후에도 계열융자, 주식 상호소유, 인적 결합으로 기업집단이 형성되었다. 그 중심에 은행과 종합상사가 있다. 경제력 집중과 함께 주식공개가 진전되면서 '소유와 경영의 분리'가 뿌리내렸다. 그러나 기업 간 상호 주식보유가 광범위하게 이루어지고 있고 메인뱅크의 모니터링 능력이 큰 것이 일본의 특징이다.

선진국들의 대기업 형성의 역사를 보면 자금조달 방식, 기업 소유구조, 경영권 간의 관계는 생각만큼 그리 단순한 것이 아니다. 사내유보에 의한 내부자금 조달비중이 커진 요즈음 선진국의 경우 더욱 그러하다. 신흥시장은 기업 거버넌스 선택에 영향을 미치는 각종 규제도입에 신중을 기하는 것이 바람직하다.

제17장 · · ·

영국의 기업

제조업이 유통부문에 진출할 필요와 여지 없어

산업혁명의 선두주자이자 최초로 산업자본주의를 일으킨 영국은 20세기까지도 가족자본의 경영이 지속되었다. 영국에서도 19세기 말에 생산기술이 발달함에 따라 규모의 경제를 누리는 산업이 등장하면서 기계, 화학, 전기, 자동차 부문에서 대기업이 출현했다. 그러나 영국은 일찍부터 국내시장이 잘 발달되어 있던 터라 제조업이 커지더라도 유통부문에 진출할 여지가 별로 없고 또한 그럴 필요도 없었다. 그래서 기업의 대형화도 제조업체가 주도하는 수직적 통합 없이 제조업 부문 내에서 이루어졌다. 영국에 철도산업이 처음 등장했을 때 이조차 미국이나 독일에서처럼 국내시장의 확대에 별로 기여하지 못했다.

한편, 유통부문의 도 · 소매상들은 단결된 조직적 행동으로 제조업자들의 유통업 진출을 봉쇄했다. 기본적으로 영국은 국내시장이 이미 도시화되고 밀집된 시장 형태였고 해외시장은 너무 멀었다. 그런 만큼 기업의 대형화가 제한되고 이에 소요되는 자금규모도 그다지 크지 않아서 필요할 때마다 산업혁명 때부터의 전통대로 사내 유보이윤을 재투자하거나 시중은행의 융자금으로 충당하는 정도였다.

기업가들의 보수적 성향

영국의 대기업은 절대적 크기도 작았다. 영국 내 순위 50위 기업규모가 미국내 순위 200위에 못 미치는 수준이었다. 전통적인 소유경영의 방식을 고수한 영국기업의 대주주들은 자금이 필요할 때 경영권이 침해당할 위협이 없는 은행자금을 필요한 만큼 받으면서 자기지분율을 계속 높게 유지했다. 미국기업에 비해 영국기업은 소유가 개인 대주주에게 편중되었다. 1975년에도 영국 내 250대 기업의 56.23%가 소유경영체제(이사진 및 가족소유의 지분이 5% 이상)였다. 이들이 기업규모를 확대시키는 데 적극적이지 않아 경영업무의 분화와 전문화는 미미했다.

기술 · 경영교육에 소홀한 영국의 교육 풍조도 이에 일조했다. 세 방향(제조, 유통, 경영) 투자를 강화하여 여러 업종에 맹렬히 뛰어든 미국의 대기업들은 막강한 경영조직을 앞세워 해외시장에서 선점의 이익을 확보했다. 이에 실패한 영국기업은 해외는 물론 국내시장에서조차 미국기업에 밀렸다. 예컨대 당시의 신제품인 재봉틀 같은 경輕기계 부문에서 영국의 기업은 미국기업에 한 번도 맞서지 못했다. 영국의 기업들은 세 방향 투자를 추진하지 못했고 투자할 수 있는 기간도 짧았다. 다른 나라의 기업들이 일단 영국시장에 진출하여 판매조직과 생산설비에 직접 투자하기 시작하자 영국의 기업들에는 기회의 문이 닫혀버렸다.

제1차 세계대전이 영국기업들에게 기회를 주기는 했다. 앵글로 페르시아 오일Anglo-Persian Oil, 잉글리시 일렉트릭English Electric, 브리티시 다이즈British Dyes 등의 회사들이 세 방향 투자를 시도했으며, 브리티시 옥시전British Oxygen, 메탈 박스Metal Box, 유니레버Unilever, 임페리얼 케미컬ICI 등이 비교적 성과를 올렸다. 그러나 철강 · 구리 등의 제조업에서는 합리화 운동이 철저히 실패로 끝났으며, 합리화된 기업이라도 경영위계의 규모가 미국보다는 훨씬 작았다.

해운 · 금융은 계속 세계경제의 중심역할 유지

한편, 제조업에서 눈을 돌려 해운, 금융 등 서비스 부문을 보면 영국은 17세기 말부터 20세기 초까지 세계경제의 중심역할을 잃지 않았다. 이 부문이 해외팽창을 주도했고 국내에서도 정치력이 컸다. 식민지, 영연방, 영국의 간접적 영향권인 남미, 중동, 중국 등에서 벌어들이는 상업이윤, 해운수입, 금융수수료 등의 중요성은 제조업 제품을 수출하여 벌어들이는 소득보다 훨씬 컸다. 영국의 자본수출은 1870~1914년간 국내 총저축의 3분의 1에 달했고 1913년 국부의 3분의 1이 해외자산이었으므로 국제 투자수익의 규모를 짐작할 수 있다.

독점자본(대기업) 때문에 해외팽창?

이처럼 영국의 해외팽창은 제조업 대기업보다 서비스 부문과 금융업의 국내 사정과 관련된 면이 더 크다. "독점자본이 이윤율 저하를 초래하여 수익성이 높은 곳을 찾아 해외로 팽창할 수밖에 없으며, 따라서 제국주의는 자본주의의 마지막 단계요 자본주의가 말라죽어가는 국면"이라는 레닌의 주장은 역사적 근거가 없다.

미국과 독일에서 독점자본(대기업)이 형성될 때 미국이나 독일보다 자본주의가 먼저 발달했던 영국은 아직 독점자본이 나타나지 않았다. 영국에서 산업자본과 금융자본은 분리되어 존재했으며 소규모 가족자본이 기업자금의 주류였다. 하지만 전형적인 제국주의를 추구한 나라는 독점자본이 출현하지 않았을 당시의 영국이었다. 그 무렵 영국의 국내 설비투자와 해외 투자패턴은 거울 이미지를 보였다(그림 8). 즉, 국내의 투자수익률이 지속적으로 떨어진 것이 아니라 해외 투자수익률과 국내

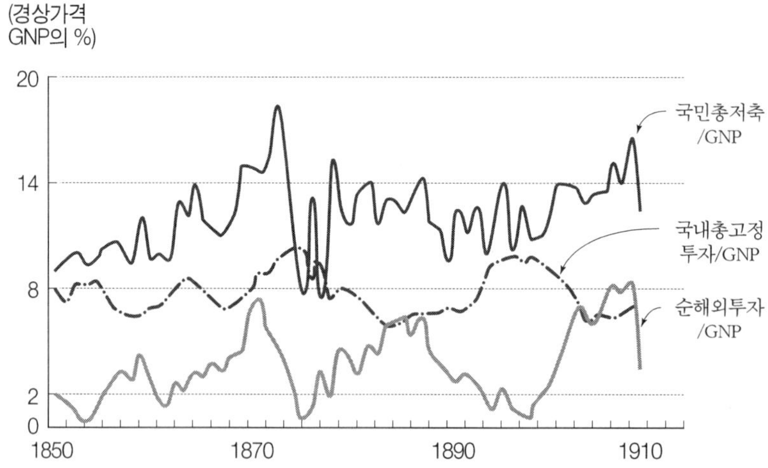

자료: Edelstein(1994)

〈그림 8〉 영국의 저축률과 투자율(1850~1914)

수익률의 비율이 주기적 순환을 보였다는 뜻이다. 19세기 말~20세기 초에 구미 선진국들의 경제는 결코 고사상태가 아니었다. 시장확대와 기술혁신으로 자본주의가 한 단계 더욱 높아지는 상황이었다.

그렇다면 대기업만이 필연적 귀결인가?

소규모 단일기업이 시장을 통해 수행하던 자원배분을 식품, 철강, 기계, 석유, 화학, 전기, 자동차 부문에서 수직적으로 결합한 대기업들이 맡는 과정을 역사의 필연적 귀결이라고 할 수는 없다. 요즘 기업분할, 공장폐쇄, 투자감축, 아웃소싱, 기업 인수합병, 공기업 민영화, 벤처 캐피털이 만발하는 상황 등은 시장환경 및 기술특성에 따라 산업구조가 역사적으로 다양하게 적응함을 반영하는 것이다. 1912년 세계 100대 기업에 포함된 미국기업 54개 가운데 1995년까지 100대 기업으로 살아남은 기업은 17개뿐이다. 대기업이 1970년대 후반 이후 경제여건의 변화에 신축적으로 대처하지 못했기 때문이다. 이를테면 소비수요가 고품질화·개성화되면 수직적으로 결합하여 대량생산을 할 요인이 사라지고 아웃소싱이 더 효율적이 된다. 이때에는 경직된 비관련-다품종 대기업conglomerate이 가장 먼저 타격을 입었다.

기업이 다각화, 수직결합에서 철수하고 전문화하는 모습도 많이 보인다. 자원배분의 주체는 경제여건에 따라 나라별·산업별로 시장과 대기업을 양극에 둔 스펙트럼 안에서 움직인다. 지난 150년간에는 대기업 쪽으로 수렴했다. 최근에는 시장 쪽으로 방향을 바꾸는 모습도 보인다.

제18장 · · ·

금융제도 비교사: 영국 · 프랑스 · 독일

시장실패 대응이 영미 · 대륙식 갈라

세계화가 진전됨에 따라 국가 간 금융제도의 차이가 감소하는 추세다. 그러나 선진공업국의 금융구조는 나라마다 특징을 유지하고 있다. 예를 들어 효율을 중시하는 영미식 시장중심 체계와, 이들보다 더 안정적이라고 여겨지는 독일 · 일본의 은행중심 체계가 공존한다. 그러나 국내 총생산 대비 은행자산과 주식시장 자본가치의 통계를 보면 이와 약간 다른 모습이다. 즉, 미국과 독일이 대조적인 반면 영국은 은행과 시장이 동시에 발달하고 있다(그림 9).

자본시장은 저축을 수익률이 가장 높은 투자에 효율적으로 배분하는 역할을 하며 기간별 자금 수요공급의 급격한 변동을 완화하고 위험을 분산한다. 하지만 자본시장을 맹신할 수만도 없다. 자본시장에는 항상

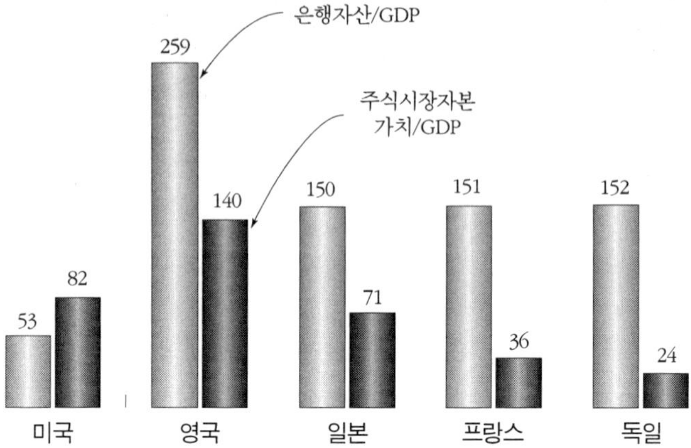

자료: Allen & Gale(2001)

〈그림 9〉 주요국 은행과 자본시장 규모(1993, 단위: %)

정보 비대칭성의 문제가 있다. 따라서 채권자 즉 주식 보유자와 채무자, 달리 말해 소유자와 경영자 간에 주인-대리인 문제가 생긴다. 그렇다고 투명하게 모든 정보를 공개하면 무임승차자 문제가 생기고 거래비용과 위험분산 기제 등에 관련된 도덕적 해이도 발생한다. 또한 시장 내에 강력한 금융 중개기관(은행 등)의 존재 때문에, 또는 정부규제 때문에 경쟁이 불완전해질 가능성도 있다.

이러한 시장실패에 대처하는 방식은 역사적으로 나라마다 달랐다. 기업, 정부, 금융기관의 대응은 물론 가계도 주식이나 회사채를 소유할 것인지 금융기관에 대한 채권을 소유할 것인지의 의사결정에 따라 위험에 노출되는 정도가 다르다. 또한 경쟁시장을 추구하는 것이 현실적인지도 의문의 여지가 있다. 반독점법과 지점규제로 경쟁적 은행업을 추구하는 나라는 미국뿐이다. 나머지 나라들은 대규모 은행들이 과점하고 있는 형태다.

금융제도와 기업지배구조의 관계도 단순하지 않다. 내부자금을 조달하는 식으로 기업이 금융기관의 역할을 하는 경우도 많다. 소유와 경영의 분리가 가장 뚜렷한 나라는 아마 일본일 것이지만 그럼에도 적대적인 인수합병이 일어날 가능성은 적다.

크게 영미식과 대륙식으로 분류되는 금융제도는 1720년 영국의 '남해 버블'South Sea bubble과 프랑스의 '미시시피 버블'Mississippi bubble이 꺼질 때 두 나라의 각기 다른 대처방식에서 구체화되었다.

영국, 버블법 폐기 후 증시·은행 발전

영국은 잦은 전쟁으로 인한 정부부채의 차환을 위해 주식회사 뱅크 오브 잉글랜드BOE(1694)와 남해 회사South Sea Company(1711)를 만들었다. 이들은 특권을 얻는 대가로 정부공채를 주식으로 전환했다. 런던의 유력한 상인과 금융업자들이 설립한 BOE는 1709년에 주식회사로 조직된 발권은행으로서의 우선권을 법률로 부여받았고 1826년까지 영국의 유일한 주식은행으로서 대對정부금융과 발권업무를 독점했다.

그러나 18세기 말까지 이 발행권은 주로 런던에 한정된 채 임금지불이나 개인적 지불수단으로서 크게 이용되지는 못했다. 이 은행은 런던의 큰 무역회사, 대상인, 상인은행가 등의 예금과 이들을 상대로 한 단기 대부, 환어음 할인 등 일반적인 상업은행 업무까지 수행했다. 1833년 이후 BOE에서 발행한 은행권이 법화legal tender로 인정되었다.

상업은행들도 주식회사 형태로 발달하면서 내적인 팽창과 합병으로

1710년대 영국은 한 무역회사(남해 회사South Sea Company) 주식의 폭등락으로 심각한 혼란을 겪었다. 이 회사의 주가는 발행주식을 국채와 바꿔주는 신종 금융기법과 금광개발 등의 정보로 폭등했지만, 결국 거품이 꺼져 투자자들은 엄청난 손실을 봤다. 그림은 남해주식회사의 주식을 처분하기 위해 몰려든 군중

19세기 말이면 5대 은행의 윤곽이 드러났다. 이들은 장기적인 산업대부에 관여하지 않고 저축수신과 단기 운전자금 제공에 주력했다. 정부의 자금을 관리하면서 권한을 강화하던 BOE는 지역적으로 시작한 발권독점을 1844년에 완수하며 중앙은행으로 발전했다.

남해 회사는 특권(남미무역과 노예무역 독점권)을 얻는 대가로 정부공채를 주식으로 전환했다. 이 과정에서 남해 회사의 주식 값이 치솟았다가 이후 폭락하며 많은 부작용을 낳았기 때문에 버블법을 만들어 주식회사 설립을 제한했다. 그러나 17세기 말 '금융혁명' 이후 자본시장은 꾸준히 내실을 다졌다. 정부공채를 거래하기 위해 설립된 런던 증권거래소(1802)가 버블법 폐기(1824) 후 국내외 철도회사를 비롯한 기업자금 조달처로 성장했다.

프랑스, 150년간 주식회사 설립 규제

프랑스에서는 미시시피 회사(1717)가 프랑스령 루이지애나뿐 아니라

프랑스의 아시아 무역경영과 조세징수 대리업을 관장하고 정부부채를 모두 인수하던 시절이 있었다. 이때 존 로John Law가 자신의 은행에서 엄청난 불환지폐를 발행하여 미시시피 회사의 주식을 사려는 사람들에게 무더기로 대출했다. 투자자들은 주식을 대출담보로 잡혔는데 미시시피의 주가가 폭등하고 은행권 남발로 인플레이션이 촉발되는 사건이 일어났다. 미시시피 버블과 존 로 체계가 붕괴되는 이때의 파장이 너무 커서 프랑스 정부는 150년간 주식회사 설립을 제한했다. 이후 1980년대까지도 프랑스에서는 주식시장을 엄격히 규제했다.

또한 프랑스 대혁명 시기에 혁명정부가 발행한 불환지폐 아시냐assignat에 대한 불신은 19세기에 들어서도 사라지지 않을 정도였으며 혁명의 이데올로기가 프랑스 경제에 대한 규제를 오히려 심화시켰다. 그래서 파리 증권거래소가 재개된 이후에도 회사채 및 주식시장의 발달은 미미했고 기업자금은 정부가 주도하거나 은행을 통해 조달되었다.

중앙은행인 방크 드 프랑스는 1800년에 설립되었다. 방크 드 프랑스는 1848년에 9개 지방은행을 편입시켜 지점으로 만들고 발권을 완전히 독점했다. 프랑스의 은행들은 존 로의 방크 로얄르가 얼마나 악명이 높았던지 그 때문에 방크 드 프랑스를 빼고는 일반적으로 은행의 이름에 '방크'란 말을 붙이지 않았다.

한편, 장기 산업금융을 위해 근대적인 주식회사 조직의 은행으로서 크레디 모빌리에Crédit Mobilier가 설립되었다(1852). 이 은행은 철도와 공공사업 자금조달의 효시이자 유럽 전체에 모델이 되긴 했으나 프랑스 공업화에서 이 은행이 낸 성과는 사실상 그다지 크지 않았다. 이 밖에 크레디 퐁시에(건축), 크레디 아그리콜(농업) 등도 있었다.

독일, 19세기에 서서히 은행 발달

독일은 프랑스와 유사한 성격의 은행이 19세기에 서서히 발달했으며 자본시장의 발달은 늦었다. 1846년에 주식회사 조직으로 된 프러시아 은행이 만들어졌는데, 이 은행 주식의 대부분은 민간이 소유했으나 관리는 전적으로 정부가 했다. 독일이 제국으로 통일되는 시기(1871)를 전후하여 장기 대부가 주요 업무인 드레스드너 방크를 필두로 코메르츠 방크, 도이치 방크 등이 민간 주식은행으로 만들어졌다. 이들은 해외무역과 장기 산업여신을 담당하면서 상업은행과 투자은행의 기능을 동시에 했다.

독일은 은행과 기업이 긴밀한 관계를 맺어 소위 하우스 방크 체제를 성립시켰고 이 큰 은행들과 작은 저축금고 등이 종합은행의 업무를 수행했다. 이들은 제조업 기업들이 카르텔을 결성하는 일에 관여했으며 주식회사의 설립과 성장에 큰 역할을 했다. 제국이 통일된 후, 라이히스 방크(1876)가 설립되어 이 은행이 발권을 거의 독점하고 통화금융을 감독했다.

제19장 · · ·

금융제도 비교사: 미국 · 일본

미국 자본시장 성장은 상업은행 규제 결과

미국의 금융제도는 다른 선진공업국들에 비해 두드러진다. 우선 은행이 고객과 장기적 관계를 형성하지 못하도록 정부가 규제한다. 은행지주회사가 소유하는 비금융기업의 주식지분은 5% 이내, 신탁회사가 소유하는 지분은 10% 이내로 제한되어 있다. 은행이 지점을 설립하는 것도 금지되었기 때문에 소규모 단점單店은행이 아주 많다(1990년의 은행 수: 영국 209, 독일 273, 일본 154, 미국 12,500; 1914년에는 22,000개, 그림 10 참조). 그래서 은행 간 경쟁이 심화되면서도 특정 지방에서 독점력을 가진 단점은행은 포트폴리오 다각화에 뒤져 안정성이 떨어진다.

독립 초기에 미국은 3개의 주법은행이 있었을 뿐 금융제도가 정비되어 있지 않았다. 이 당시 미국에는 국법은행 설립을 강력히 반대하는 반

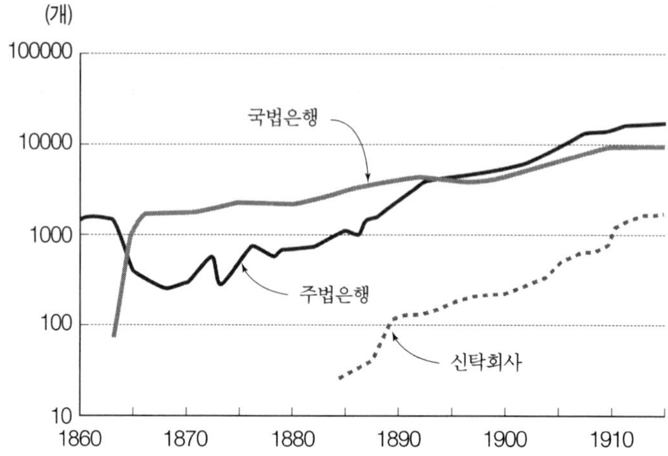

자료: White(1983)

〈그림 10〉 미국 상업은행 증가추이(1860～1914)

연방주의자들이 있었다. 국법은행이 만들어지면 이 은행이 금융상의 독점적 지위를 차지한다는 것이 그 이유였다. 하지만 1791년에 '제1차 합중국은행'이 20년 기간의 특허를 얻어 설립되었다. 이 은행의 주요 업무는 예금, 대출, 어음할인, 은행권 발행이었다. 이 은행은 대對정부 금융, 통화 안정 등에 기여했으며 산업자본을 육성하는 기초가 되었다.

1792년에 주화법이 만들어져 이 법으로 미국의 화폐단위가 '달러'로 정해지고 금 · 은 복본위제도가 채용되었다. 이에 따라 독립 후 통화혼란이 수습되고 통일적인 화폐제도가 확립되었다. 이 법은 이후 수차례 수정과정을 거치면서 1900년에 금본위제가 확립될 때까지 미국 화폐제도의 기본이 되었다.

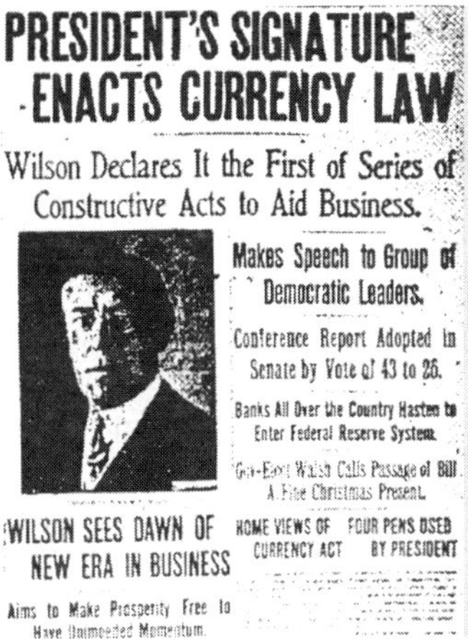

PRESIDENT'S SIGNATURE ENACTS CURRENCY LAW

Wilson Declares It the First of Series of Constructive Acts to Aid Business.

Makes Speech to Group of Democratic Leaders.

Conference Report Adopted in Senate by Vote of 43 to 26.

Banks All Over the Country Hasten to Enter Federal Reserve System.

Gov-Elect Walsh Calls Passage of Bill A Fine Christmas Present.

WILSON SEES DAWN OF NEW ERA IN BUSINESS

Aims to Make Prosperity Free to Have Unimpeded Momentum.

HOME VIEWS OF CURRENCY ACT

FOUR PENS USED BY PRESIDENT

1913년 미국 윌슨 대통령이 중앙은행 관련 법안에 사인했다는 내용의 보도

소형은행 난립

미국은 1914년에야 중앙은행FRB이 생겼다. 그 이전은 '자유은행 시기'와 '국법은행 시기'로 나뉜다. 자유은행 체제란 중앙은행이 없이 상업은행들이 경쟁적으로 은행권을 발행하고 은행설립에 관한 법적 요건이 느슨하며 지불준비에 대한 통제도 없는 금융구조를 말한다. 역사적으로 이러한 경험을 한 나라는 50개국이 넘는다.

미국에서 자유은행 시기는 '제2차 합중국은행' 인가 갱신안에 대해 잭슨 대통령A. Jackson(r. 1829~1837)이 거부권을 행사한 이후 1837년부터 국법은행 시기가 도래한 1863년까지다. 이때 은행과 은행권이 난무했다. 남북전쟁 직전까지 1,600개 은행이 귀금속이나 주정부에 예치한 유가증권을 근거로 9,000종의 은행권을 발행하여 유통시켰다. 각종 결제제도(예를 들어 서포크 시스템 등의 청산소)와 예금보험도 발달했다. 이 당시는 내부여신과 스캔들이 많았는데도 은행의 파산은 적었고 무분별한

금융행위도 드물었다.

1863년부터 연방정부의 인가를 받아 국법은행들이 설립되었다. 이들은 연방공채로 불입한 자본금을 근거로 은행권을 발행했으며 이것이 자유은행 시기의 통화체계를 대체했다. 뉴욕 증권거래소(1817)는 정부공채, 은행주식, 각 주내 건설프로젝트 채권으로 시작해서 철도회사채까지 거래했다. 19세기 말부터는 제조업 기업의 주식도 취급했다.

지점금지법을 우회하여 지주회사를 통한 체인/그룹 은행이 발달했고 공채거래가 늘면서 자본시장이 성장했다. 국법은행과 주법은행(주정부 인가를 받음)이 경쟁하며 주로 단기 상업자금을 대부했는데 이 무렵 부분적으로 규제경쟁의 불합리성 때문에 은행위기가 발생하는 일이 빈번해졌다. 은행의 안정성에 관한 한, 자유은행 시기가 국법은행 시기보다 우월했다.

대기업과 대규모 금융을 의심하는 지방자치적 미국식 민주주의의 정서에서 비롯된 단점은행제도(즉, 은행의 지점설립을 금지함)는 미국 금융제도의 주요 특징으로서 이 제도가 갖는 결함에서 초래된 대가를 결국 톡톡히 치른다. 단점은행가, 지주, 자영농이 은행의 합병이나 다각화 노력을 저지했기 때문에 이 단점은행들은 규모와 범위의 경제를 누리지 못했다. 이 때문에 금융 중심지(뉴욕)를 제외한 일반 지역과 모든 농업부문의 자본비용이 높아졌다. 은행도산도 부추겼다.

1931년 은행위기가 발생할 때 청산소의 대부증서가 최종대부자 역할을 하고자 시도했으나 그 정도로 대규모 은행공황을 감당하기는 어려웠다. 당시 미국과 여건이 다른 캐나다(중앙은행은 1935년 등장)의 은행부

워싱턴에 있는 연방준비제도이사회

문은 안정적이었다. 이렇게 볼 때 단점은행이 위험부담이 큰 것은 명백하다. 또한 단점은행은 업무가 다각화되어 있지 않아 이자율의 계절적 변동이 심했고, 이것이 은행위기를 조장했다.

단점은행에 필요한 예금보험제가 실험되었지만 성과는 좋지 않았다. 지점설립을 금지하는 규정이 자본시장 통합을 저해하여 단점은행의 지역 독점력이 잔존했다. 1980년대에 와서야 각 주별로 은행이 서로 합병하고 부분적으로 지점을 설치하는 일이 허용되었다.

19세기 후반에 미국에서 대기업 형성에 필요한 대규모 자금을 조달하는 일은 소규모 단점은행으로서는 능력 밖의 일이었다. 그리하여 1890년대 이후부터 투자은행이 본격적으로 산업자금을 조달했고, 1920년대에는 미국의 은행들도 독일식 종합은행의 방향으로 발전하는 듯했다. 그러나 대공황기의 응급대책인 1933년 은행법에 따라 상업은행의 투자은행업 겸무가 금지되었다.

이후 기업들은 자금을 조달할 때 더욱더 자본시장에 의존하기 시작했다. 최근 이 은행법이 폐기되고 또한 사내유보를 통해 자기자본을 조달하는 비중이 높아지면서 이러한 상황의 의미는 많이 퇴색했다. 1990년대 이후 미국은 더욱 광범한 규제완화를 중심으로 금융개혁을 시도하고 있다.

일본, 보통은행 합병으로 자산규모 키워

일본은 미국의 국법은행 체계를 본떠 1872년에 국립은행 조례를 제정했다. 자본금의 60%는 정부공채, 40%는 정화正貨로 보유한 은행들이 은행권을 발행했다. 1876년부터 정화를 준비하는 일이 없이 자본금의 80%까지 발권을 허용하여 국립은행의 수도 급증하고(1879년에 151개) 신용창조가 팽창하게 되자 인플레이션이 일어났다. 이에 정부는 긴축재정을 운용하고 1882년에 일본은행을 설립하여 발권을 독점하게 했다.

이후 보통은행을 중심으로 은행제도가 발달하는데 1901년에 1,867개에 달하던 보통은행들이 19세기 말부터 합병 등을 통해 5대 은행으로 자리 잡는다. 이들은 독일식 종합은행의 기능을 가졌으며 나중에 재벌의 기관은행이 되었다. 제2차 세계대전 후 기업집단의 중심역할을 한 이 은행들은 세계 전체를 통틀어 최대자산규모 은행명단의 맨 위에 올라 있다.

금융제도의 역사를 살펴보면 그 제도란 것이 나라마다 처한 여건과 관련된 것일 뿐 반드시 어느 특정 제도가 이상적이라고 할 수 없다는 것을 보여준다.

제20장 ···

전간기Interwar Period(1914~1945)

전후문제 잘못 처리하여 대공황 유발

자본주의 경제에서 호황과 불황이 반복되는 경기순환은 정상적인 현상이지만 불황의 골이 너무 깊고 넓게 오래 지속되면 자본주의 존속여부 자체에 회의가 들면서 많은 문제를 낳는다. 1930년대에 전세계를 강타한 대공황이 바로 그랬다. 일반인에게 대공황은 실업이 만연해진다는 것을 의미한다. 1930년대 내내 선진공업국의 제조업 실업률은 15% 이상이었다(미국은 26%). 1929~1933년간 산업생산지수의 하락폭은 선진 24개국 가운데 미국이 62%로 가장 높았고 다음으로 캐나다, 독일, 체코 등이 50%였다.

대공황의 원인을 캐는 일은 대개 제1차 세계대전과 1920년대를 거치면서 경제구조의 불안정성이 커진 것을 살피는 것부터 시작한다. 일찍

이 영국 수상 처칠Winston Churchill은 제1차 세계대전과 제2차 세계대전을 하나로 묶어 유럽의 제2차 '30년 전쟁'으로 이름붙인 바 있다. 두 전쟁 사이에 있던 평화 기간에도 러시아 혁명, 스페인 내전 등 국제적 성격을 띤 전쟁이 있었고 또한 제1차 세계대전과 대공황이 밀접한 관계가 있으며, 이것이 결국 제2차 세계대전을 야기했다는 점에서 그렇다는 것이다. 즉, 제1차 · 제2차 세계대전이 별개의 두 전쟁이 아닌 한 차례의 '30년 전쟁'으로 볼 수 있다.

총력전

제1차 세계대전은 유럽 총인구의 2%가 참전하여 오랜 기간 엄청난 파국을 초래한 총력전으로서, 전쟁이 끝난 후 전쟁관련 인구와 산업생산설비를 '정상으로 복귀'하도록 조정해야 하는 문제를 낳았다. 전쟁 이후 각국의 영토가 경제적 고려를 무시한 채 '민족자결' 원칙에 따라 분할되면서 기존의 경제관계가 단절되고 새로운 무역장벽이 조성되었다.

또한 복수심에 불탄 연합국은 베르사유 조약Treaty of Versailles을 체결하고 독일에 엄청난 배상금을 물림으로써 이 조약은 전후문제를 해결하기는커녕 오히려 혼란을 자초했다. 케인스J.M. Keynes는 조약이 체결된 1919년에 「평화의 경제적 귀결」"Economic Consequences of the Peace"이란 글을 발표하여 베르사유 조약 가운데 독일에 천문학적 규모의 전쟁배상금을 부과한 조항이 경제대국인 독일의 경제를 몰락시키고 결국 주변 나라를 모두 가난에 빠뜨리리라는 이유로 이 조약의 어리석음을 개탄한 바 있다.

엄청난 사회혼란

사회혼란도 전후의 주요 문제였다. 러시아 혁명(1917)의 여파와 함께, 전쟁 동안 참호 속의 생활을 경험하고 난 노동계급의 조직, 힘, 단결력이 커져 전후 노동계급의 투쟁과 저항이 강력해졌다. 그리하여 국가마다 대응양식에 따라 사회민주주의 또는 파시즘 독재로 혼란을 겪었다.

교전국들이 농산물 생산을 중단하고 수입에 의존하자 미주 대륙은 곡물생산을, 호주는 축산을 대규모로 증대했는데 종전 후 유럽이 농산물 생산을 재개하자 전세계적으로 농산물이 과잉생산되면서 농산물 가격 폭락으로 이어졌다. 전후 미국에서도 경제가 잠시 활황일 때조차 농업은 침체했으며 이를 겪는 농민들의 어려움은 1920년대 미국에서도 사회문제가 되었다.

인플레이션

인플레이션도 문제였다. 예를 들어 영국은 제1차 세계대전이 길어지면서 전쟁물자를 세금만으로 충당할 수 없어 돈을 찍어내기 시작하고 가격 상한제도, 물가통제 등을 실시했다. 전쟁이 끝난 후 통화량이 급격히 팽창할 소지가 마련되었고 결국 동구권, 독일, 오스트리아 등을 중심으로 초인플레이션이 진행되었다. 특히 독일의 초인플레이션은 전쟁배상 문제와도 관련된 것으로서 연합국이 독일에 책정한 배상금의 액수는 케인스가 이미 지적한 대로, 너무 커서 이행하기 어려운 상황이었다.

프랑스는 독일이 이를 고의적으로 이행하지 않는다고 생각하고 철, 석탄 등의 지하자원 매장량이 풍부한 독일의 루르지방을 점령했고 독일은 이에 저항하는 정책을 썼다. 즉, 이 지역의 통화량을 급증시킨 것이다. 그러자 이를 계기로 잠재되어 있던 인플레이션이 폭발하기 시작했다. 어느 정도로 폭발했는가? 전쟁 직전인 1913년의 물가수준을 100으로 할 때 1923년의 물가수준이 1,000,000,000,000으로까지 되었다. 즉, 지폐가 무의미해지고 금융자산 형태의 부가 사라지게 된 것이다.

사회의 안정을 유지하던 독일 중산층의 월급과 저축을 없애버린 이 초인플레이션은 1920년대의 바이마르 민주주의를 붕괴시키고 결국 히틀러가 이끄는 나치가 출현하는 배경이 되었다. 귄터 그라스Günter Grass(1927~)의 『양철북』*Die Blechtrommel*의 주인공 오스카가 "나는 일곱 살에 머무르겠다. 더 이상 성장하지 않겠다."며 성장하는 모든 것에 대한 거부, 두려움에서 자신의 삶을 선택하는 발언과 다짐은 당시 독일인들의 불안감을 극명하게 표현한 작품으로 꼽힌다.

전쟁 동안 이루어졌던 연합국 간 대부체계가 단절된 것도 국제경제에 충격을 주었다. 당시 외채는 주로 미국에서 영국을 거쳐 프랑스와 벨기에 등에 공급되었는데 미국의 금융지원이 중단되자 채무국들의 경제재건이 어려워졌다. 프랑스는 전쟁이 끝난 후 재건과 전시채무 상환을 위해 독일에서 전쟁배상금을 받아내려 애썼다. 결국 이와 같은 대대적인 채권채무관계는 전후 국제경제 질서에 큰 불안요소가 되었다.

무리한 금본위제도로의 복귀와 그 파장

이러한 혼란 속에서 1925년을 전후하여 여러 나라가 전시와 전후의 인플레이션 기간에 포기되었던 금본위제로 복귀한다. 하지만 일단 통화안정이 달성되자 다른 문제들이 나타났다. 복귀과정에서 각국이 자국의 통화가치를 정할 때 상호조정 없이 독자적으로 결정했기 때문에 각국의 통화가치가 상대적으로 과대 혹은 과소 평가되는 문제가 발생한 것이다.

이로 인해 통화를 상대적으로 과대평가한 나라는 통화가치 유지를 위해 긴축정책을 써야 했다. 영국은 경제적 근거도 없이 지난 시절(19세기) 영국의 화려했던 국제적 위신만을 생각하여 파운드화를 고평가하여 충격적으로 금본위제에 복귀했다. 이 때문에 영국은 수출에 큰 타격을 입고 이자율이 치솟고 공장들이 문을 닫으며 세계 대공황이 닥치기 이전에 이미 엄청난 실업이 양산되었다. 금본위제에 복귀한 나라들이 채무국일 경우 채무는 눈덩이처럼 불어났다. 배상금과 전시채무로 1924~1930년에 독일, 오스트리아, 이탈리아 등의 채무누적은 국민경제에 비해 상당히 큰 액수였다.

당시는 미국 투자자들의 투자 선호가 조금만 변해도 이들 경제는 크게 휘둘릴 수밖에 없었다. 1920년대 미국은 유럽에 비해 상대적 호황기로서 라디오와 포드 T형 자동차 등이 대량생산으로 보급되었으며 할리우드 영화산업도 크게 성장했다. 미국사회는 센세이셔널한 문화충격에 민감해지고 들뜬 분위기에서 토지와 주식 투기열풍도 일었다. 1920년대 말에 미국의 주식시장 붐으로 미국에서 유럽으로 유입되는 미국 자본이 줄었다.

시장과열을 우려한 연방준비위원회FRB는 긴축통화정책을 썼다. 이자율을 급격히 인상하자 해외대부의 유인은 더욱 줄었다. 결국 해외자금으로 방만한 경영을 일삼던 오스트리아의 최대은행 크레디트 안슈탈트 Kredit Anstalt가 1931년 5월에 파산하고 2개월 후 독일의 주요 은행인 다나트Danat가 문을 닫았다. 여기에 대응하려는 독일 제국은행Reichsbank의 노력은 허사였다. 다른 많은 유럽 나라들도 7월에 예금인출과 은행파산으로 고통을 겪었다.

유럽의 위기와 동시에 1930년 미국도 경기침체에 들어간다. 1928~1929년에 점점 경색된 미국의 통화정책이 공황발발의 큰 요인이었다. 1929년의 주식시장 붕괴가 대공황과 직결된다고 보기는 어렵다. 주식가치 하락으로 보유자산, 즉 부의 실질가치가 하락하여 소비지출 수요가 줄고 소비자의 부채자산 비율이 높아졌으며 소비자의 장래에 대한 불확실성이 가중된 면을 생각할 수 있다. 그러나 통계수치를 보면 부의 감소효과는 10% 미만이었고 주식가격과 배당수익의 비율P/E은 불변이었다. 주가는 소득의 변동에 따라 등락하게 마련이다. 예를 들어 미국의 1987년 주가폭락을 보면 낙폭이 그 당시와 정확하게 같다. 요즘 같은 정보통신 시대의 위력을 감안할 때 1987년 사건의 충격이 오히려 더 클 수도 있었겠지만 이것이 세계적인 금융위기로 전파되지는 않았다. 따라서 대공황 초기의 주식시장 와해는 심리적 효과 이외의 별 의미가 없었다고 볼 수 있다.

아직 진행 중인 논의이기는 하지만 1930년의 은행위기가 대공황을 촉발시켰다고 보기도 한다(통화설). 은행위기는 어떤 메커니즘으로 공황을 가져올 수 있는가? 첫째, 은행들이 보수적으로 경영하고 은행을 믿지 못하는 소비자는 현금을 선호한다. 그래서 금융제도의 신용창조 기능이 떨어지고 통화량이 감소하고 금리가 높아져서 기업들이 피해를 본다는 것이다. 둘째, 전반적인 비관론이 만연할 경우이다. 셋째, 금융 중개비용이 증대하여 경색현상이 벌어진다는 것이다.

이에 대한 반론도 있다. 당시 물가수준으로 나눈 실질통화량은 줄지 않았으며, 또한 통화량 감소의 지표라고 볼 수 있는 이자율도 상승하지 않았다는 것이다. 이 밖에도 11월과 12월의 은행파산들은 테네시주의 콜드웰Caldwell 은행과 뉴욕시의 뱅크 오브 유에스Bank of the US, 이 두 은행이 부실채권으로 망했기 때문인데 이들의 부실채권을 두 달간의 총 은행부채에서 뺀다면 1930년 말 은행위기는 1931년 여름과 가을의 은행공황과 비교도 되지 않을 정도로 작다는 것이다.

미국의 긴축정책

이제 다시 1928~1929년 미국의 긴축정책을 살펴보자. 1920년대를 통틀어 미국과 프랑스는 대규모로 금과 외화를 유입했다. 국제수지 관계가 그러했는데도 프랑스는 중앙은행법 때문에 금 보유를 통화증발로 연결시키지 않았다. 게다가 이미 언급했듯이 미국은 증권투기 억제 등의 목표 때문에 긴축정책을 고수했고 프랑스는 법적 · 정치적 요인 때문에 금융긴축을 실행했다.

이렇게 대표적인 흑자국이 긴축하기 시작하면 적자국이 충격을 받는 것은 당연하다. 가장 먼저 피해를 본 채무국은 국제적 경쟁조건의 변화에 적응하는 데 실패하고 필연적 결과로 해외차입에 의존하면서 그들의 대외적 지위는 극도로 나빠졌다. 이렇듯 미국이 긴축정책으로 전환한 것이 사태를 더욱 악화시켰다.

그런데 일단 시작된 하강 국면이 왜 곧 반전되지 않고 그렇게 깊은 공황으로 빠져들었는가? 그 원인은 두 가지다. 하나는 1931년 미국의 통화긴축이고, 다른 하나는 국제적 금본위제를 지키기 위해 여러 나라가 동시다발적으로 긴축에 의존했다는 것이다. 금본위제가 유지되려면 특히 적자국에서 (경기부양이 필요할 때 팽창정책을 쓰지 못하고) 긴축기조를 지켜야 한다. 금본위제를 포기하든지 팽창정책을 포기하든지 양자택일을 해야 하는 것이다. 국내에서 경제정책을 제대로 펼치기 위해서는 사실 고정환율제의 족쇄에서 벗어나야 했다. 당시 대공황에서 회복되려면 금본위제를 포기하고 평가절하를 해야 했다. 그래야 팽창정책을 선택할 수 있기 때문이다.

실제로 일찍이 1931년에 평가절하를 단행한 스웨덴, 핀란드, 덴마크, 영국, 일본, 호주는 회복속도가 가장 빨랐고 1936년까지 금본위를 고집한 프랑스, 벨기에, 폴란드는 매우 늦었다. 외환통제를 실시한 독일 등은 그 중간에 위치했다. 미국도 1933년 루스벨트가 집권한 이후 회복이 시작되지만 이는 공공사업 등 뉴딜정책이 효과를 내어서가 아니라 금태환 정지와 평가절하가 이루어졌기 때문이었다.

1936년부터 유럽 국가들의 경제가 회복되기 시작한다. 하지만 대문 바깥에는 이미 바이마르 민주주의와 경제가 붕괴되는 것을 경험한 독일 대중의 지지를 얻어 합법적으로 정권을 잡은 히틀러Adolf Hitler(1889~1945)의 나치Nazi Germany가 포진해 있었다. 대공황 기간 동안 강대국들이 수입을 억제하고 자국 산업을 보호하기 위한 교역장벽을 마련하던

〈표 7〉 1인당 GDP와 노동시간당 GDP 증가(1890~1929, 연평균 증가율, %)

	1인당 GDP		노동시간당 GDP	
	1890~1913	1913~1929	1890~1913	1913~1929
스위스	1.4	2.5	1.4	3.2
체코슬로바키아	1.6	2.4	-	-
네덜란드	1.0	2.2	1.1	2.9
노르웨이	1.5	2.1	1.7	2.8
프랑스	1.7	1.9	1.7	2.4
스페인	0.9	1.7	-	-
덴마크	1.9	1.6	2.1	2.6
핀란드	1.9	1.6	2.2	2.2
스웨덴	1.7	1.4	1.9	1.5
이탈리아	1.9	1.2	2.4	2.0
벨기에	0.9	1.1	0.9	1.8
헝가리	2.3	1.0	-	-
독일	1.8	0.8	1.9	1.4
포르투갈	0.4	0.8	-	-
오스트리아	1.5	0.4	1.7	0.8
영국	0.9	0.3	1.0	1.5
아일랜드	0.9	0.3	-	-
일본	1.4	2.4	1.7	3.5
미국	2.0	1.7	2.2	2.4

자료: Feinstein, Temin, Toniolo(1997)

중, 이탈리아의 무솔리니Benito Mussolini(1883~1945)가 아비시니아Abyssinia를 침공하는 것을 수수방관하는 연합국을 보면서 히틀러도 용기를 내는 순간, 경제장벽이 군사장벽으로 확대되면서 결국 제2차 세계대전이 발발하고야 말았다.

대공황은 피할 수 있었던 재난

결국 세계 대공황은 주변 여건을 제대로 파악하지 못한 정책 책임자가 구태의연한 조치에 집착하여 생긴 일이라 할 수 있다. 대공황이란 것이 자본주의에 내재하여 불황에서 벗어나기 위해 필요할 때마다 전쟁특수를 노려 주기적으로 전쟁을 일으켜가며 경기를 회복한다는 주장들은 우스꽝스럽기 그지없다. 제1차 세계대전의 결과는 대공황이었다. 그보다 훨씬 더 큰 충돌인 제2차 세계대전 이후에는 왜 그런 재앙이 없었는가? 세계 대공황은 자본주의 세계에 내재하는 필연적 재난이 아니라 인간이 만들어 낸, 피할 수도 있었던 재난이었다. 실제로 선진공업국들의 1913~1929년간 생산성(1인당 GDP) 증가율이 1890~1913년과 비슷하고 노동시간당 GDP는 오히려 높았다는 사실이 이를 반증한다(표 7).

제21장 · · ·

뉴딜의 금융개혁

섣부른 은행 · 증권업 분리, 경쟁력만 떨어뜨려

뉴딜정책은 1930년대 세계를 강타한 대공황기에 미국 정부가 경기 회복과 사회적 재분배를 목표로 금융, 산업, 농업과 임금결정에 직접 개입한 여러 조치를 말한다. 뉴딜은 실험적 · 임기응변적이고 실로 일관성과 논리가 결여되었으나 구호(긴급은행법, FERA, CCC, FCA, CWA, AAA), 회복(NIRA, PWA, 달러화의 평가절하, 주택정책, RFC), 개혁(TVA, SSA, SEC, FCC, REA, FRS개혁, 노동관계법을 총괄하는 와그너 법)을 목표로 루스벨트 대통령 취임 직후부터 제2차 세계대전 발발 때까지 추진되었다.

우리나라에서는 금융자본과 산업자본 분리원칙의 재검토, 금융산업구조개선법 개정안, 자본시장통합법안 등이 최근 화제다. 뉴딜정책 중에서도 금융개혁이 70여 년이 지난 지금 우리에게 의미하는 바가 무엇

1933년 3월 취임 직후 긴급은행법Emergency Banking Act에 서명하는 프랭클린 루스벨트 대통령

인가?

우선 뉴딜의 여러 조치 가운데 1933년 6월 글라스-스티걸Glass-Steagall 은행법이 눈에 띈다. 이 법의 주요 내용 중 첫째는 상업은행과 투자은행의 분리다. 즉, 은행의 산업투자 활동을 막을 목적으로 은행이 증권업·보험업 등에 개입할 수 없게 하는 것이다. 이에 따라 공황이 발생하기 이전에 대규모 은행들이 취하던 관례였던 증권업·보험업 겸무가 금지되었다. 그래야 은행 신뢰도를 높여 은행 공황을 방지하고 금융 안정을 이룬다는 '믿음' 때문이었다. 그리고 이러한 '믿음' 때문에 상업은행과 증권, 보험업을 분리시킨다는 원칙이 그 이후 66년 동안이나 지켜졌다.

하지만 그동안 은행지주회사법(1956, 1970), 은행지주회사 규제세칙Regulation Y 수정(1980~1986), 연방준비제도이사회FRB 지침(1987~1989, 1996~1997) 등 우여곡절을 거치면서 차츰 법을 우회하는 행위가 허용되어 왔기 때문에 사실상 사문화死文化된 이 법은 결국 1999년에 폐기되었다.

대공황기 단기적 미봉책

그 당시 영국, 캐나다에서 상업금융은 단기 운영자금만 지원하는 형태였고, 독일은 전통적으로 겸업주의, 즉 장기 산업투자와 금융이 연계되어 있었다. 19세기 말~1920년대 미국은 독일식 겸업금융universal banking을 지향하는 추세였는데 글라스-스티걸 법이 미국의 그런 추세를 단절시켰다.

이는 다음과 같은 점에서 불합리했음이 드러난다. 첫째, 상업은행과 투자은행 겸업은 포트폴리오 분산이므로 위험총량을 감소시킨다. 둘째, 법이 제정되기 이전에 증권시장에서 적극 활동한 상업은행이 그렇지 않은 은행에 비해 자기자본 비율이 높고 수익률도 더 안정적이었다. 셋째, 상업은행이 증권 업무에 관여하면 경쟁기업들의 적대적 이해관계에 사로잡혀 투자자에게 불이익을 준다는 가설도 실증적 연구결과 기각되었다. 넷째, 은행과 연관된 기업에서(겸직이사의 존재) 투자의 내부유동성 민감도가 법안 통과 이전보다 이후에 높아졌다. 다시 말해 상업은행과 투자은행의 분리가 기업의 장기투자를 위한 외부자금 조달비용을 증가시켰다.

한편, 1933년 은행법은 연방준비제도에 가입한 은행들에게 예금보험을 제공할 것도 규정했다. 이에 따라 예금보험공사FDIC가 1935년에 출범한다. 본래 미국은 1913년까지 중앙은행 없이 주법은행과 국법은행이 서로 경쟁하던 역사를 가졌다. 그런 만큼 미국은 금융이 분산되어 있었다. 그런데 놀랍게도 국가 차원의 중앙집중적 예금보험제도가 도입된 것이다. 뉴딜의 각종 경쟁제한 조치는 세월이 흐르면서 대부분 사라졌으나 이 제도는 수차례 파탄을 겪고도 깊이 뿌리내리며 오히려 보험대상을 비은행 금융기관으로까지 확대했다. 역사와 여건을 달리하는 다른 나라들도 이를 앞 다투어 따랐다.

제도의 부적절함이 드러난 1980년대에 연방보험대상 은행의 파산은 수천 건이었고 이는 결국 조세부담자와의 형평성 문제를 불러일으켰다. 1989년 저축대부보험공사의 파경에 미재무성이 개입한 것이 대표적 예다. 무분별한 예금보험제도는 은행도산의 빈도를 높이게 된다. 위험을 선호하는 은행가에게 보험료를 높이지 않으면 더욱 위험한 포트폴리오를 선택할 것이기 때문이다. 소위 도덕적 해이의 문제다.

1930년대 들어 세계적 대공황으로 미국 은행들이 잇따라 도산하자 금융안정을 위한 다양한 조치들이 나왔다. 1933년 의회를 통과한 은행법에 따라 1935년 예금보험공사FDIC가 출범했지만 금융기관들의 도덕적 해이 만연으로 은행 파산을 조장했다는 비판을 듣기도 했다. 사진은 예금을 찾기 위해 은행에 몰려든 시민들의 모습이다.

최근에는 보험대상기관의 재무 및 경영상태 연례공시, 위험연동보험료 차등화 등으로 문제점이 보완되긴 했으나 오늘날 연구들은 예금보험제도가 금융을 안정시키는 데 필요한 보증이라는 주장에 회의적이다. 개별은행의 파산이 금융공황의 시발점이 될 수도 있을 것이다. 하지만 필요하면 중앙은행이 최종대부자로서 개입하여 전체 금융체계의 붕괴로 이어지는 것을 막을 수 있다고 본다.

여하튼 은행파산 비용이나 도덕적 해이에 대한 비용을 조세부담자가 부담하도록 하여 출범하고 이후 예금보험 대상기관들의 로비활동을 통해 더욱 확대된 이 예금보험제도는 바로 뉴딜에서 비롯된 것이다. 남북전쟁 이전과 1907년의 은행공황 직후에도 미국 주정부들의 예금보험제도 실험이 있었다. 이들이 거의 실패했기 때문에 연방차원의 예금보험제도 도입에 대한 거부감은 FDIC가 만들어질 당시에도 매우 컸다. 그런데도 지점망 규제, FDIC 등에 관한 법안이 통과된 것은 지점망을 가진 대형은행보다 숫자상 절대 다수인 소규모 단점單店은행들의 로비 탓이었다. 물론 이 법안은 금융효율을 저해했다. 자본의 효율적 배분을 보장할 금융시장의 규율을 약화시키기 때문이다.

예금보험제도란 은행파산이나 은행의 도덕적 해이에 따르는 비용을 결국 건전한 은행이나 조세부담자가 치르게 하는 일이다. 이것이 갖는 분배적 함의는 매우 크며, 이 제도가 은행파산을 막았다기보다 오히려 조장했다.

예금보험 실험

뉴딜의 금융개혁 가운데 증권감독위원회 설치, 연방준비제도이사회 FRB의 권한강화 등처럼 긍정적 평가를 받는 것들도 있다. 하지만 상업은행에 대한 증권업무 금지규정, 연방 예금보험제도 등은 대공황기의 단기적 미봉책이었을 뿐 공황회복에도 금융제도의 안정성을 유지하는 데에도 도움이 되지 않았던 것들이었다. 내용에 다소 차이가 있지만 요즘 우리나라에서 거론되는 금융개혁안들의 일부는 만시지탄 감이고 어떤 것은 시대착오적이다.

제22장 · · ·

뉴딜의 산업통제와 구호정책

뉴딜이 실업문제 해결하지는 못해

'한국형 뉴딜'이란 말이 자주 들린다. 뉴딜이라고 하면 먼저 산업통제와 구호정책을 떠올리고 이 조치들이 1930년대 세계 대공황기의 실업문제를 해결한 것으로 아는 이들이 의외로 많다. 과연 그럴까?

뉴딜정책의 기조 가운데 하나가 공황을 극복하기 위해 경제운행과 자원배분을 시장에 맡기지 않고 필요하면 정부가 이에 개입한다는 것이다. 산업부흥법NIRA과 농업조정법AAA이 그 대표적 예다.

NIRA(1933년 6월)는 미국에서 국가의 긴급상황을 이유로 독점금지법을 2년간 정지시켰다. 이에 따라 산업의 대표들이 생산설비, 가동시간, 생산량 등을 제한하는 규정을 만들어 대통령의 인가를 받으면 법적 효력이 발생했다. 독일과 비슷하게 카르텔을 아예 법으로 허용한 것이다.

이 산업부흥법 조항을 환영한 쪽은 오래된 대기업이나 과잉설비에 시달리던 섬유, 철강, 석유업 쪽, 즉 경제사정이 별로 좋지 않던 산업들이었다. 실제로 NIRA의 규정을 경제단체들이 고안한 경우가 많았으며 이에 따라 이들의 정치력도 커졌다. 항공, 화학, 엔지니어링 등 장래성 있는 신산업, 중소기업 쪽은 여기에서 소외되었다. 다시 말해 NIRA는 당시 민간기업의 투자의욕을 저해했고 구조조정이나 산업합리화를 거쳐 산업이 부흥할 기회를 정치적으로 제약했다.

이러한 상황은 결국 상품시장과 노동시장도 왜곡했다. 즉, 이 조치로 생산을 제한하고 가격을 상승시켰기 때문에 달러화를 평가절하한 이후 금 유입으로 얻어진 생산증가 효과가 많이 상쇄되었다.

생산 · 고용유발효과 못 봐

NIRA에 따른 노사합의 조건은 대체로 노동시간을 단축시켜 고용을 늘리고 임금을 인상한다는 것이었다. 그러나 이로써 임금이 물가보다 더 빨리 상승하자 실질임금이 상승하여 이것이 오히려 실업을 부추겼다. 실제로 NIRA가 연간 GNP를 6~11% 감소시켰다는 평가도 있다. 요컨대 NIRA를 통해 생산을 통제하려는 정부의 시도는 정치적으로도 실패했으며 경제적으로도 공황이 회복되는 데 역효과를 낸 것으로 판명되고 있다.

NIRA 가운데는 기업이윤을 보장하는 동시에 노동자의 소득을 지지하려는 취지에서 노동자의 단결권과 단체교섭권을 보장하는 규정이 있는데 훗날 NIRA가 연방재판소의 위헌판결을 받은 이후에도 이 규정만은 와그너 법으로 확대 계승되었다. 그리하여 이것이 노동자 단체를 보호하는 데 전기를 마련했고 이후 노동자의 조합 가입률이나 조직활동 비율이 급신장했다. 고용주는 최대 노동시간, 최저임금 등의 규제를 받아들여야 했다. NIRA에만 국한시켜 보면 이 법은 루스벨트 대통령과 재계 간 이해관계의 우호와 갈등, 노동단체의 지지에 힘입은 재선전략 등이 반영된 것으로 해석될 여지가 있었다.

노동경제적 측면에서 NIRA의 효과를 논하자면 당시 단체교섭의 관행이 뿌리내리면서 노동시장의 성격이 크게 변했다. 즉, 실업이 별로 줄지 않는 가운데 임금과 노동조건이 개선되었다. 한편, 실질임금이 상승하면서 노동생산성 또한 증가했다. 이처럼 실업률이 높게 유지되는 가운데 노동환경이 개선되고 고용된 노동자들의 소득이 상승한 것은 당시 미국 특유의 생산성 향상 때문으로 보기도 한다.

1920년대부터 누적된 농업공황을 해결하기 위해 정부는 농업생산을 통제하는 AAA 조치를 시행했다(1933년 5월). 이 조치의 목표는 정부가 생산량을 제한하여 농산물 가격을 지지한다는 것으로, 경작지 제한에 협조한 농가에 휴경지 지대를 지불하거나 상품신용공사를 통해 저리자금을 지원했다. 그 결과 루스벨트의 첫 임기 동안 농산물 가격이 50%나 상승했고 대규모 농가는 이 조치의 혜택을 크게 받았다. 또한 임금노동을 고용하는 자영농지 규모가 커졌다. 이 조치로 노동시장 구조가 변화하여 수확기 노동공급이 쉬워지고 대규모 생산방식과 함께 기계화가 도입되는 전기가 마련된 측면도 있었다. 하지만 소작농은 큰 타격을 입었다. 경작지를 제한하는 조치로 이들이 농지에서 축출되었기 때문이다. 임금노동자가 된 이들은 다시 도시의 노동시장을 압박했다. 존 스타인벡John Steinbeck의 유명한 소설 『분노의 포도』 *The Grapes of Wrath*는 바로 이를 배경으로 한 작품이다.

농산물 가공업체에 부과한 조세수입으로 AAA 시행에 필요한 자금을 조달하는 것이 위헌이라는 대법원 판결이 있었으나 그 뒤에도 농업부문에 대한 정부개입은 토양보존이라는 다른 형태로 지속되었다. 그런데 경작지 제한으로 총생산이 줄었다기보다는 단위면적당 산출을 늘린 면이 더 컸으며 그 결과 정부수매 농산물 재고가 축적되었다. AAA는 NIRA보다 여론과 정치의 검증에 대응하기에 다소 나아 보인 면은 있으나 순수하게 경제효율과 복지의 측면에서 볼 때 뉴딜의 생산통제 조치는 더 나은 방향으로 갈 대안이 있었을 법하다.

한편, 뉴딜정책의 가장 큰 업적으로 꼽히는 것이 바로 구호정책이다. 이 정책은 공황에서 회복하고 그에 따른 소득증가의 혜택을 골고루 나

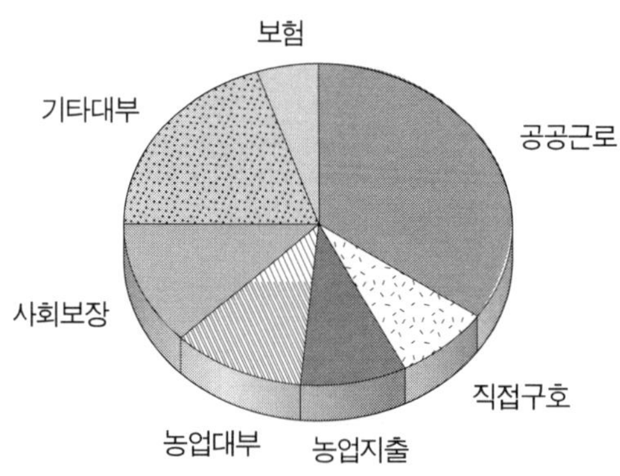

자료: 미국 센서스국

〈그림 11〉 미정부의 뉴딜분야별 지출 현황(1933~1939)

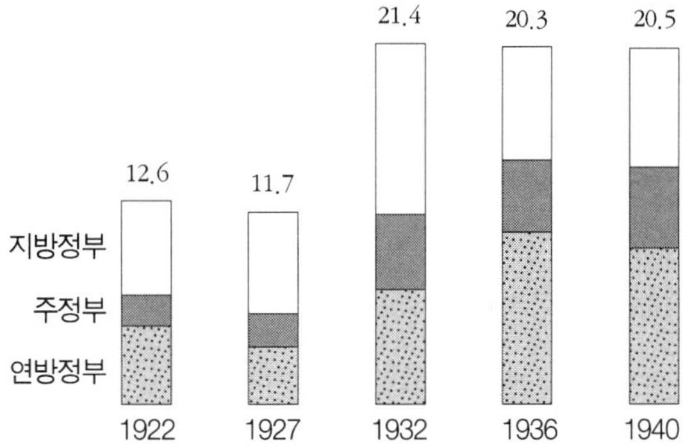

자료: 미국 센서스국

〈그림 12〉 GNP 대비 정부지출 비율(1922~1940, 단위: %)

눈다는 의도에 하층민 유권자를 의식한 정치적 전략이 맞물려 있는 것이었다. 하지만 여하튼 소득과 부의 재분배에 관한 인식을 새롭게 하는 전기를 마련했다.

구호정책은 '2차 뉴딜'에서 연방정부가 실업자, 빈민 등에게 저리대부를 제공하거나 공공근로를 통한 대규모 공익사업(도로 · 병원 · 학교 · 운동장 건설, 자연보존활동)을 벌이는 방식으로 추진되었다. 공공사업법PWA에 따라 공공사업을 추진할 예산을 확보하기 위해 초과이윤세도 도입되었다. 국민소득에 대한 정부예산의 비중은 뉴딜이 시작될 당시 12% 정도에서 20% 이상으로 터무니없이 급증했고 그중 절반 이상이 구호사업에 쓰였다. 이로써 19세기를 풍미했던 경제적 자유주의가 반세기 이상 유보되는 계기가 마련된 것이다.

재원은 세수를 늘려 충당했다. 만일 재정운용에 문제가 있었다면 그렇게 막대한 재정지출을 증가시키는 일은 불가능했을 것이다. 당시 재정은 약간 적자였는데 이는 정부가 경기부양을 위해 의도적으로 적자 재정정책을 펴서가 아니라 불황기에 세금이 덜 걷혔기 때문이었다.

공공근로사업과 실업보조는 실상 생산효과와 고용유발효과가 극히 낮은 부문에 대한 투자였으므로 경제효율은 떨어졌다. 그것은 재분배를 위한 이전지출의 성격이 큰 것이었다. 공공지출의 배분에도 형평성 문제가 있었다. 구호수혜의 규모는 총실업자의 20~30% 정도였다.

재정확대로 양극화 해결 못해

근로추진국WPA으로 대표되는 구호정책이 가장 활발했을 때조차 실업자는 700만 명에 달했다. 구호활동이 소득을 지지하는 수준도 낮아서 3인 이상 가족의 최저생계비에도 미치지 못하는 정도였다. 주로 건축 종사자, 미숙련 생산직 노동자가 우선 구호대상자였고, 실업률이 높은 연령층(청소년과 노인)은 구호대상을 선정하는 과정에서 차별을 받았다. 대규모 공공지출이 이루어진 지역별 분포에서 어떤 일관성을 찾기는 어렵다. 즉, 구호사업에 경제적 변수보다 대통령의 재선 승리를 위한 정치적 요인이 고려되었다는 혐의를 받을 만했다.

이러한 뉴딜의 조치들이 실업을 치유한다는 애초 목표를 달성하는 데는 실패했다 하더라도 미국경제에 다른 전기를 마련한 측면은 있다. NIRA는 노동자의 단결권과 단체교섭권을 보장하여 장기적으로 노동조건을 개선하는 데 기여했다. 이후 많은 노조가 새로 만들어지고 노동자들의 조합 참여율도 높아졌다. 1935년 와그너 노사관계법은 NIRA의 노동권 조항을 이어받아 노조의 활동이 1950년경까지 성장했다. AAA 조

미 근로추진국WPA은 1936년까지 300만 명에게 일자리를 공급했다. 네바다주 실업자들이 공공근로 사업에 투입돼 도로를 닦고 있다.

치도 달리 보면 일종의 농업 구조조정이었다. 대대적인 구호정책은 대중에게 국가가 일자리를 곧 마련해주리라는 희망을 주었다. 오늘날 미국의 '소셜 시큐리티' 제도도 이 구호정책의 노령보험에서 발전한 것이다.

이렇듯 뉴딜은 경제가 돌아가는 것에 국가가 책임져야 한다는 인식을 사람들에게 심어주었다. 이후 연방정부의 기능은 점차 확대되고 중앙집권화가 진척된다. 이는 예산규모, 연방정부의 규제확대, 연방 공무원 수의 증가추세 등에서 뚜렷하다.

요컨대 뉴딜의 산업통제와 구호정책은 공황회복과 실업문제 해결에 근본적으로 도움은 주지 못한 채 비용만 컸다. 우리나라의 정부도 일자리 마련과 사회안전망 구축, '양극화' 해소를 위한 대규모 재정지출을 시도하며 뉴딜을 회상하는 모양이다. 긴급시의 응급처치를 잘못 이해하여 뉴딜의 부정적 유산을 답습하지 말았으면 한다. 달리 말해 세금을 걷어서 잘못 쓰면 망한다는 뜻이다.

제23장 · · ·

혁명 이후의 소련경제

과도한 중공업 투자로 삶의 질 황폐화

세계 정상회담의 주제가 에너지 자원을 안정적으로 확보하는 것인 한, 누구도 러시아를 외면할 수 없게 되었다. 오일 머니를 배경으로 러시아가 세계 강국으로 복귀할지가 세간의 주목을 받고 있다. 모스크바의 옛 세력들은 스탈린주의의 부활을 외치는 모양이다. 스탈린주의가 무엇인가?

1917년 러시아에서 혁명으로 정권을 장악한 볼셰비키Bolsheviks는 수도를 모스크바로 이전하고 내전을 치르며 공산화를 추진했다. 이 과정에서 이들은 '계급의 적'만이 아니라 경제까지 다 파괴했다. 1920년 소련정부의 발표에 따르면 17개 지방에서 인구의 50~90%가 기아상태에 처해 있었다. 1921년 소련의 철강, 면직생산은 1913년의 4% 수준이었다. 농민 · 노동자 폭동도 빈발했다.

그러자 레닌Vladimir Ilyich Lenin(1870~1924)은 민간의 경제활동을 다소 허용하는 신경제정책NEP으로 방향을 전환했다. 정치적 측면에서 NEP는 혁명정부가 소련인구의 압도적 다수인 농민과 일시적으로 타협한 사건이었다. 경제적으로는 사실상 시장제도를 다시 받아들이는 것으로서, 구체적으로 민간교역을 합법화하고 국유기업을 임대하는 것이었다. 레닌 자신의 말을 빌리면, 전시 공산주의War Communism에서 '국가자본주의' State Capitalism로 후퇴하는 것이자 대대적으로 공업화하는 것을 국가의 최우선적 과업으로 삼기 시작하는 것이었다. 1920년에는 최초의 계획수립기관인 국가전화電化위원회GoElRo가 탄생했고 1921년에 국가계획위원회Gosplan가 설치되어 소련이 망할 때까지 존속했다.

NEP가 시작되면서 농업부문에서 민간경영의 비중이 높아졌다. 이후 경제는 신속히 회복되어 1926년에 산업생산과 농민생산이 전쟁 전 수준에 이르렀다. 노동시간이 감소했고 기타 혜택을 감안하면 도시노동자의 생활도 과거보다 나아졌다. 그렇다고 해서 이것이 그리 큰 의미가 있는 사실은 아니었다. 그 시기의 소련은 1913년과 마찬가지로 여전히 압도적으로 농촌사회였고, 이용할 수 있는 다른 투자나 노동의 원천이 전혀 없었다. 다시 말해 인구의 82%가 농민이었고 1917년 러시아 혁명을 프롤레타리아 혁명이라 이름 붙이기도 민망할 만큼 당시 러시아에는 이렇다 할 공업 프롤레타리아가 별로 없었다.

이후 NEP는 더 지속될 수 없었다. 소련의 노동자들이 열심히 돈을 더 벌어서 살 만한 소비재를 소련경제는 생산하지 않았으므로 이들은 구

레닌(좌)과 스탈린(우). 소련은 계획경제를 통한 과감한 투자로 중공업 분야에서 성과를 거뒀다. 하지만 스탈린의 평등주의 정책은 결과적으로 사회구성원의 삶의 질을 향상시키지 못했다.

태여 더 높은 임금을 벌기 위해 생산성을 높일 필요가 없었기 때문이다.

또한 통화팽창과 가격통제를 동시에 추구한 것이 가장 큰 문제였다. 그 결과는 제조업품이 품귀현상을 보이고 농민이 곡물 방출을 기피하는 것으로 나타났다. 그러한 경제원리를 이해하지 못하고 운행된 NEP로 나라가 혼란해진 틈을 타 스탈린Joseph Stalin(1879~1953)이 권력을 장악했다.

신경제정책 도입 땐 반짝 회복

1929년에 NEP는 종식되고 사회주의 계획경제가 도입된다. 공산주의자들은 수세기 동안 땅을 열망해온 농민이 땅을 소유하게 되면 이들이 보수화되어 조만간 체제를 위협하리라고 생각했다. 소련의 농업생산은 도시의 농산물 수요를 충족시킬 수도 없고 수출하기는 더더욱 어려웠다. 또한 스탈린은 총력전 공업화에 필요한 총투자액수를 농민의 존재가 잠식한다고 판단했다.

그리하여 1929년부터 농업 집산화를 추진했다. 모든 농민은 토지와 가축을 포기하고 강제로 집단농장의 회원이 되었다. 부농(쿨락)은 재산은 물론 다 뺏기지만 집단농장에 소속되는 것마저도 허용되지 않았다. 이들 대부분은 굶어 죽거나 '재교육'을 받기 위해 수용소로 보내졌다. 실은 거의 모든 농민이 가난했으므로 그 당시 '쿨락'이란 용어는 새 체제에 반대하는 농민이란 뜻이 되었다.

집단농장이 더 나을 것도 없었다. 집산화 이후 경영미숙과 혼란으로 곡물생산은 1938년까지도 계속 1913년 수준이었고 농산물을 강제 공출함으로써 농민은 더욱 피폐했다. 집산화 과정에서 죽은 농민의 수는 1천만 명으로, 제1차 세계대전 때의 총사망자 수보다 많았다. 이에 더해 스탈린이 우크라이나 집단농장의 곡물을 과도하게 공출하여 6백만 명이 굶어죽는, 인간이 만든 대기근(1932)이 발생했으나, 이 사실은 수년간 국내외에서 성공적으로 은폐되었다.

집산화는 결국 새로운 사회주의를 추진하는 비용을 농민이 부담하게 한 작업이었다. 1932년 말 농민가구의 60%, 1938년에 93%가 집산화되었다. 스탈린과 공산당에게 농민은 이제 더 이상 잠재적으로도 위협집단이 아니었다. 집산화는 이미 낮았던 소련 농민의 생산성을 더욱 떨어뜨려 1940년에 가서야 NEP 수준을 회복했다. 1938년에 농민에게 소규모 가족텃밭이 허용되는데(총경작지의 4%), 이곳에서 소련 총농업생산의 22%가 산출되었다. 1970년대 초부터 소련 농업은 계속해서 총수요의 4분의 1 수준까지 세계 곡물시장에 의존했다. 요컨대 소련은 비효율적인 소농농업을 막대한 비용을 들여 비효율적인 집단농업으로 바꿨던

〈표 8〉 1인당 실질 GDP 증가율(1820~1998)(연율, %)

	1820~1870	1870~1913	1913~1950	1950~1973	1973~1998
서유럽	0.95	1.32	0.76	4.08	1.78
미국	1.34	1.82	1.61	2.45	1.99
동유럽	0.63	1.31	0.89	3.79	0.37
구소련	0.63	1.06	1.76	3.36	-1.75
일본	0.19	1.48	0.89	8.05	2.34
동아시아 16개국	−0.10	0.49	−0.08	3.83	3.30

자료: Maddison(2001)

것이다.

스탈린 계획경제의 공업측면은 농업에 비하면 성공적이었다. 1937년 공업생산량이 1928년의 4배에 달했다. 이 성장은 중공업과 에너지 생산(석탄, 철, 강철, 전기, 석유)이 주도했다. 소비재 공업의 성장은 매우 느렸다. 시베리아 서부의 완전 불모지에 대대적으로 조성되는 중공업 단지에 총투자가 집중되었다. 생산목표액은 마치 전시경제처럼 비용과 비용효과를 고려하지 않고도 설정될 수 있었고 정해진 시기에 그 목표액을 달성하는 것이 중요했다.

여하튼 그 시기에 그렇게 급속한 성장을 보인 나라는 소련 말고는 없었다. 또한 어느 나라도 그처럼 높은 투자율을 경험해보지 못했다. 소련의 계획당국자는 순수입의 3분의 1 이상이 투자되도록 명령했고 그 명령에서 이탈하는 것을 허용하지 않았다. 투자 몫을 빼고 남은 것으로 소비했으므로 생활수준의 향상은 없었다. 소련의 계획은 특성과 품질이 미리 결정된 제품의 생산고를 끊임없이 늘리도록 맞추어진 것으로서,

질의 변화나 기술혁신을 위한 메커니즘도 원천적으로 보유하지 못했다. 실제로 그 체제는 발명품을 어떻게 다루어야 할지도 몰랐고 대부분 민간경제 부문에서 쓰이지도 않는 것들을 발명했다.

노조는 권력을 거의 상실했고 정부가 노동자에게 직업을 할당했으며 개인은 허가 없이 이주할 수도 없었다. 노동자는 공장의 필요에 따라 집단농장에서 충원되었다. 때로는 특정지역의 개발을 위해 강제로 장거리 집단이주를 단행하기도 했다. 공장설계는 주로 해외의, 특히 대공황기에 실직한 미국의 고급엔지니어가 맡았다.

모든 것을 국유화하면 새로운 사회와 인간형이 출현하리라고 믿은 소련의(스탈린의) 실험은 1980년대까지 '존속'했다. 소련의 노동자들이 누린 혜택은 노령연금, 무료 의료서비스, 무료 교육과 탁아 등이었고 직종을 국가가 정해주었으므로 실업은 없었다. 대공황이 확산되고 파시즘이 생성되면서 자본주의가 휘청하던 1930년대에 세계 최초의 사회주의 경제가 '번영'하는 장면을 목격하는 서방세계의 진보적 지식인에게 스탈린의 이데올로기가 호소력을 갖기도 했다.

하지만 1930년대부터 평등주의 정책은 중단되어 주요 국가적 과제에 기여하는 기술, 경영 엘리트에게 높은 보수와 특혜가 주어지고 이들은 정치, 예술 엘리트와 함께 새로운 상층계급으로 떠올랐다. 오웰George Orwell(1903~1950)이 소설 『동물농장』*Animal Farm*에서 풍자했듯이 '더욱 평등한'more equal 층이 생긴 것이다.

제24장 · · ·

마셜플랜

시장경제가 경제원조 성공조건

구소련 및 동구권의 계획경제가 붕괴한 이후 이들에 체계적으로 원조할 필요에 관한 논의가 많다. 마셜플랜Marshall Plan 경험에서 교훈을 얻으려는 시도도 있는 것 같다.

마셜플랜(공식명은 유럽부흥계획ERP)은 1948~1951년에 미국이 서유럽 14개국에 약 120억 달러(요즘 가격으로 약 1천억 달러)를 공여와 대부형태로 제공한 것을 말한다. 이것은 무상공여 91억 9,940만 달러, 대부 11억 3,970만 달러, '조건부' 원조 15억 4,290만 달러로 구성되었다. 이 조건부 원조는 1948년의 서유럽 내 지불협약을 뒷받침하기 위한 것으로 흑자국이 적자국에 외환을 공여하고 대신 미국에서 같은 액수의 보상을 받는 것이다. 이것은 사실상 서유럽 국가 간 무역을 촉진하기 위한 지불이며 양도가 가능했다. 마셜 원조의 약 15%는 기계와 운송장비에 투자되고 나머지는 원자재와 농산물 구입에 사용되었다. 물론 나라마다 특징이 있어서 영국이나 서독은 자본재 수입의 비중이 낮고 프랑스는 높았다. 나라마다 ERP 수입의 구성이 다른 것은 마셜플랜의 경제적 성과를 평가하는 데 중요한 의미를 갖는다.

개방 등 법 · 제도가 유럽재건 밑거름

흔히 서독 '라인강의 기적'이 마셜플랜 덕분인 양 언급되곤 한다. 하지만 서독경제의 재건에 투자하는 것이 마셜플랜의 주목적은 아니었다. 당시 독일경제가 회복되는 데는 이 원조보다 독일 본래의 잠재력이 훨씬 더 결정적이었다. 독일의 1948년 불변가격 자본스톡은 전시의 파괴를 제하고도 1936년보다 10% 높은 수준이었다. 이는 독일 내에서 1930년대 말 이래 있은 투자 덕분이었다.

마셜플랜 포스터

전후 독일에는 양질의 노동력도 많았다. 마셜기금 가운데 패전국 독일이 받은 금액이 가장 많았을 것 같지만 실은 영국, 프랑스에 배분된 액수가 각각 독일보다 2배 이상이었다. 배분 규모는 영국에 가장 많이 할당되고, 프랑스, 이탈리아 등의 순서였다. 원조금이 경제규모가 아니라 무역에서 발생하는 달러 적자의 크기에 따라 배분되었기 때문이다.

서독에서 시장경제가 회복한 시발점은 마셜플랜이라기보다는 통화개혁(1948년 6월)이었다. 통화개혁이 이루어진 이후 배급제 대신 화폐임금이 시행되면서 이윤추구의 유인이 생겼다. 생산성이 높아지고 수출환경도 좋아졌다. 서독의 수출은 1948~1952년에 5배 증가했다. 증가분 중 90%가 금속, 기계, 운송장비 등 공산품이고 수출상대국은 특히 서유럽 국가들이었다.

이때 서독이 제1차 세계대전 이전에 유럽무역에서 했던 역할을 되찾았다. 유럽이 자본재 수입을 미국에서 할 필요가 없게 되면서 유럽의 달러 부족 사태가 호전되었다. 1958년에는 유럽 통화들의 달러 태환도 가능해졌다. 서독의 통화개혁이 오히려 ERP 성공의 전제조건이었던 것이다.

그렇다면 마셜플랜은 서독이나 서유럽의 경제회복에 기여도 하지 못한 채 단지 냉전시기에 미국이 소련의 팽창을 막고자 추진한 정치·외교적 도구에 불과했던가? 결코 그렇지 않다. ERP 원조는 유럽 총투자액의 10% 정도로 규모는 중요하지 않다. 하지만 제1차 세계대전 이후 전후문제의 처리(베르사유 조약)가 연합국의 독일에 대한 복수심에 입각한 서툰 것이었음에 비추어 ERP가 추구했던 목표들, 즉 생산증대, 무역확대, 금융안정, 각국 간 경제협력 등은 의미가 컸다. ERP의 이런 노력은 국제협력을 이끌어 결국 세계경제의 회복에 도움을 주었다.

마셜 원조를 집행하기 위해 1948년 4월 미국 측에서 ECA가 활동을 시작했다. 또한 마셜 원조의 조건 가운데 수혜국 간에 원조금 사용계획을 공동으로 제출해야 하는 규정이 있어서 결국 유럽경제협력기구OEEC가 만들어졌다. 이런 의미에서 EEC도 유럽석탄철강공동체의 후신이라기보다 마셜플랜을 배경으로 한 것으로 보아야 할 것이다.

마셜플랜으로 OEEC 회원국은 유럽지불동맹EPU을 만들고 이 운영자금을 미국이 제공했다. EPU는 전반적으로 적자국에게 강제로 만성 적

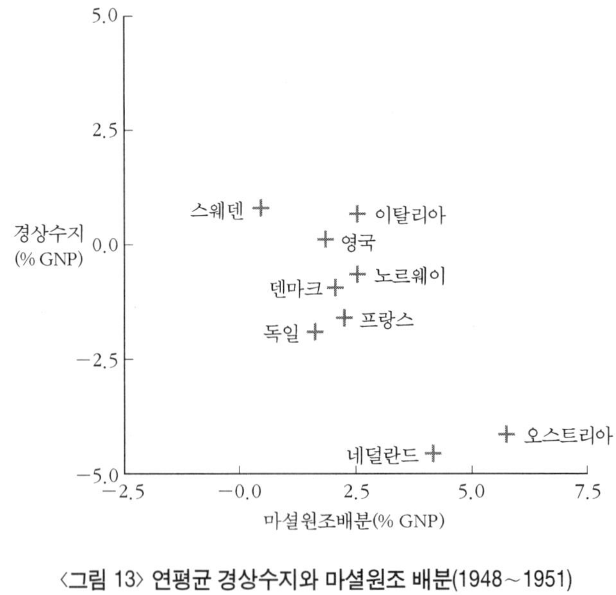

〈그림 13〉 연평균 경상수지와 마셜원조 배분(1948~1951)

자료: Eichengreen and Uzan(1992: 27)에서 작성

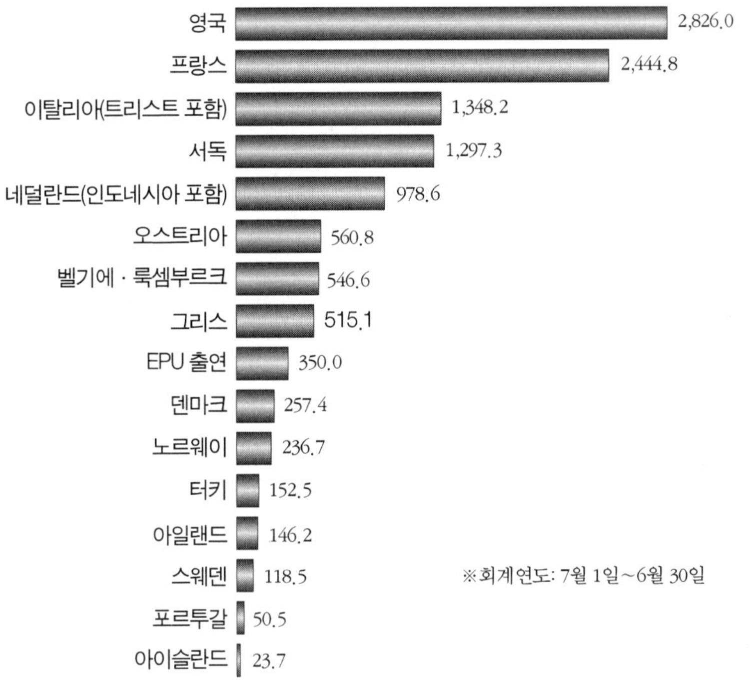

자료: Mutual Security Agency

〈그림 14〉 마셜플랜 국가별 지원금액(단위: 백만 달러, 1948~1951 회계연도 누적합계)

자를 치유하게 하고 흑자국의 흑자를 줄이도록 유도했다. 이로써 유럽은 쌍무계약과 무역장벽에서 점점 벗어났다. 또한 다자간 지불체계를 만들고 유럽을 달러나 스털링 지역에서 분리시키지 않으면서 유럽내 무역을 확대시켰다. EPU는 국제결제은행BIS에만 지불책임이 있고 IMF 규약에서는 벗어나 있었다. 한 마디로 EPU는 '지역적 브레튼우즈 체제'라 할 수 있는 것으로 IMF는 이를 과도기적 예외로서 인정했다. EPU는 미국에 대해 차별대우를 허락받았으며 1958년에 태환을 가능하게 하는 전기를 마련했다.

이렇게 해서 유럽 내 생산과 무역이 늘고 금융도 안정되었다. 유럽의 교역조건이 호전되자 각국의 생활수준도 향상되고 국내 분배갈등도 완화되었다. 특히 프랑스, 이탈리아에서 사회당, 공산당을 무마하고 중도파 입지를 강화했다.

1949년 ECA는 자금지원을 미국과 유럽의 생산성 차이를 극복하려는 노력의 정도에 연계시키고자 했다. 이에 따라 OEEC는 과학기술위원회와 기술지원 그룹을 구성했다. 이들의 주도로 1950년대 각국별 국가생산성본부들이 결성되었다. 미국 의회는 1952년에 마셜플랜의 일환으로 OEEC 국가 10개국에 1억 달러, OEEC에 260만 달러를 공여하여 유럽 생산성 캠페인 기금을 조성했다. 그리고 수혜국들은 이 가운데 8%를 대충자금counterpart funds 명목으로 새로운 기구에 자국의 화폐로 납부했다. 이에 응답하여 OEEC 의회는 1953년 유럽생산성청EPA을 설립했다. 그 목표는 정보를 보급하고 생산성 프로그램을 조정하는 것이었다. EPA의 예산은 기업 경영기술, 응용연구, 농업, 저개발 지역 등 12개 부문에 배분되었다. 이렇듯 마셜플랜은 생산에 대한 유럽의 태도를 변화시키는 역할도 했다. 마셜플랜에 대한 유럽 내의 저항이 없었던 것은 아니지만 이 플랜은 유럽이 미국식 과학적 관리와 대량생산 기술을 채택하도록 촉진했다.

공여와 대부 형태의 외화는 재건을 위한 수입대금으로 쓰였다. 수입업자가 수입대금을 자국의 화폐로 정부에 지급하면 정부의 달러화 계정에 대충자금이 만들어져 투자와 공채상환에 쓸 수 있었다. 정부가 이

1948년 소련의 베를린 점령지역 봉쇄 이후 미군 비행기가 베를린의 미국 점령지대에 식료품을 공수하는 광경

자금을 쓰려면 ECA의 동의가 필요했다. 미국은 이러한 방식으로 유럽 국가들로 하여금 시장기구 범주 내에서 경제회복을 추진하게 유도한 것이다. 마셜플랜은 정치불안, 소비재 부족, 금융혼란으로 인한 '시장 위기'를 극복하고 물가 · 환율안정, 시장에 대한 믿음을 제공한 면에서 중요한 몫을 했다. 원조액수의 크기보다는 일정 기간, 특정한 경제목표를 달성할 지침을 마련하고 이에 따라 원조가 제공된 점이 주목된다.

마셜플랜의 경험을 구소련과 동구권의 시장경제를 건설하는 데, 혹은 북한의 경제개방에 원용하는 일은 단순한 문제가 아니다. 아주 오래 전부터 자생적으로 시장경제를 일으켜 발전시킨 역사를 가진 서유럽 자본주의 나라와 구공산권 나라 간에는 역사적 공통점도 별로 없다. 시장 행위를 보장할 법 · 제도장치도 이들 나라에는 없다. 이들에게 생산성 철학을 이전하는 것도 어려운 문제다. 무조건적인 원조는 그냥 낭비될 가능성이 크다. 프로젝트에 직접 투자하는 아프리카에의 공여가 성공률이 매우 낮다는 예가 시사하는 바도 크다. 또한 마셜플랜 때와 달리 1990년대 이후에는 민간 자본시장에서 전세계로 장단기 자금이 이동한다. 이에는 재정안정, 민영화, 규제완화, 무역개방, 행정효율을 막론하고 아무런 개혁조건도 덧붙지 않는다. 이러한 민간투자는 시행착오를 일으킬 위험이 더 크며 물가 · 금융정책을 불안하게 할 소지도 있다.

북한에 마셜플랜이 필요하다는 정치인들의 연설을 종종 접한다. 마셜플랜의 위와 같은 사항들을 충분히 고려한 것일까?

제25장 · · ·

자본주의의 황금기(1950~1973)

황금기는 시차를 두고 나타난 기술혁신의 효과

1990년대 후반 이래 주로 미국에서 IT, 생명과학, 신소재 산업에 기반을 둔 '신경제'가 자주 거론된다. 19세기 말 전기, 화학, 자동차 산업이 주도했던 2차 산업화를 능가할 이러한 새 국면을 맞아 투자와 이윤이 높게 유지되고 재고량이 감소하여 경기변동의 악몽에서 벗어날 수 있으리라는 기대도 큰 것 같다. 이러한 '신경제'는 결국 세계적인 장기 호황을 불러올 것인가?

가까운 과거의 대호황을 돌아보자. 전간기(제1차 세계대전~대공황~제2차 세계대전)와 1970, 1980년대 장기침체 사이의 1950, 1960년대는 '자본주의의 황금기'였다. 미국에서 1871~1996년에 총요소생산성TFP(노동생산성과 자본생산성의 기하평균) 증가율은 저속-고속-저속의 초장기 파동을 보인다. 다른 나라들이 이를 '따라잡기' catch-up하다 보면 이 추세는 세계적인 것이 된다. 황금기에는 TFP 증가율이 월등했다. 이것은 무엇보다 19세기 말, 20세기 초 소위 '2차 산업혁명' 기간에 이루어진 4대 발명군집의 효과가 시차를 두고 나타났기 때문이다.

그 효과가 정점에 도달하고 경제 전체에 전파된 것이 '황금기'다. 이후 수확체감에 따라 생산성 증가율이 점차 낮아졌다. 4대 발명군집이란 전기(전기조명, 전기모터, 가전제품, 냉방장치), 내연기관(자동차, 항공기, 이에 따른 교외 형성, 고속도로, 슈퍼마켓), 석유와 '분자 재배열' 공정(석유화학, 합성수지, 의약품), 오락 · 통신 · 정보혁신(전신, 전화, 라디오, 영화, TV, 음반, 신문잡지) 등이다. 실내 배관, 공공 인프라(상하수도, 오물처리)가 다섯 번째 발명군집으로 추가될 수 있다. 이들 기술혁신은 20세기 이후 인류의 생활을 근본적으로 바꿔 놓았다.

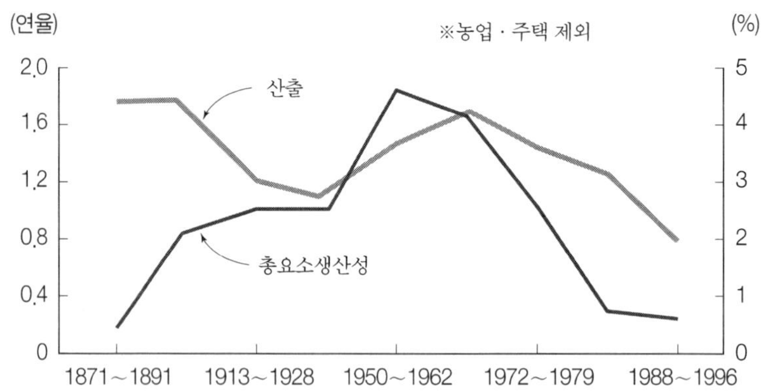

자료: Gordon(1999)

〈그림 15〉 미국 민간부문의 산출(우축)과 총요소생산성(좌축) 증가율

기술혁신의 효과가 왜 늦게 나타나는가? 일반목적기술GPT의 잠재력이 실현되려면 체제가 전환되어야 하고 이를 위한 구조조정과 이에 적응하는 기간이 필요하기 때문이다. GPT란 특정 신제품이나 이를 만드는 신공정이 아니다. 그것은 경제의 다양한 분야에 적용되어 새로운 기회를 제공하는 기술을 말하며 개량과 정교화 여지가 크고 널리 응용할 수 있다.

그런데 이 잠재력이 발휘되는 과정에서 지연과 불연속이 있을 수 있다. 구조조정과 적응에 시간과 비용이 드는 만큼 초기에는 오히려 산출, 생산성, 고용이 하락할 수 있어서 '장기파동'이 나타나게 되는 것이다. 이 외에도 19세기 후반과 20세기 초에는 이민의 역할이 매우 중요했는데, 이때 노동인구가 급증하여 임금을 압박하면서 노동절약적 설비의 도입을 지연시켰다. 전간기의 고율관세가 국제무역을 감소시키고 생산성 상승을 제한한 점 등도 지적될 수 있다. 이러한 모든 사항은 제쳐두고 오로지 두 차례의 세계대전과 1930년대 대공황의 여파 때문에 성장 추세에서 이탈했다가 원래 추세로 복귀하는 과정spring-back으로서 '황금기'를 해석하기도 한다.

역사적으로 GPT에는 수차水車 · 증기 · 전기 · 내연기관 같은 동력전달 시스템, 철도 · 자동차 등 교통혁명, 레이저, 인터넷 등이 포함된다. 이 개념을 확대하여 공장제도, 대량생산, 유연 전문화 등의 '조직기술', 화학공학 같은 지식구조 등에도 적용할 수 있다.

한 예로 20세기 초 미국 공장들의 동력원이 전기로 대체되는 과정을 보자. 소위 전동기 기술혁신이 일어나 1920년대에 제조업에서 가동되는 동력 가운데 전기가 차지하는 비중이 50%에서 80%로 급증하고 수력, 증기력 공장은 쇠퇴했다. 1910년대에 이미 발전과 송전이 집중화·대규모화하여 동력전기는 규모의 경제를 누렸다. 동시에 공장의 동력을 전기화하는 작업은 지방정부 규제에서 벗어났고 전기요금도 인하되었다.

공장내부의 동력전달 방식도 달라졌다. 굴대나 피대를 이용해 몇몇 연관된 기계들을 돌리는 방식group drive은 더 이상 쓰이지 않고 서로 다른 크기의 모든 기계, 기구에 각각 전기 모터가 하나씩 장착unit drive되었다. 그래서 연료나 에너지 효율이 높아졌다. 이에 따라 공장도 단층, 선형으로 설계할 수 있게 되어 자재 흐름도 한결 빨라졌다. 공장설계와 공장이 입지할 조건 등이 변화하면서 1920년대와 이후 1950년대에 TFP 상승이 더욱 빨라졌다.

IT와 신경제는 황금기를 다시 불러올 것인가

1950~1973년 대호황이 평상시 추세로 복귀하는 잠재적 국면인가 아니면 장기파동에 따라 다시 도래할 순환적 국면이었는가? 또한 황금기가 다시 올까? 이를 파악하려면 여러 요인을 검토해야 한다. 무엇보다도 큰 관심사는 19세기 말, 20세기 초처럼 기술혁신 군집이 다시 올지의 여부다. 또한 유럽 통화동맹의 출범 등 국제금융체제의 변화, WTO 정착과 지역주의 등 무역질서의 재편, 냉전종식 이후 미국의 헤게모니 유지를 위한 노력 등이 작동하는 국제환경이 어떻게 될지도 관심거리다. 또한 과거의 황금기 때처럼 노사 간 협조균형의 여건이 다시

조성될 것인지도 매우 중요하다.

노사 간 협조균형이 무엇인가? 국내에서 노동자는 임금인상 요구를 자제하고 기업도 배당금을 지급하는 대신 투자를 추진한다고 하자. 그러면 장기적으로 서로에게 득이 되는 고성장 협조균형이 도래할 것이다. 하지만 양측의 의사결정 시점이 다르므로 안정적으로 이 균형에 도달하기가 어렵다.

세 가지 경우를 생각할 수 있다. 첫째, 새로운 투자를 하려면 유동성이 필요하므로 먼저 임금인상이 자제되어야 한다. 임금을 자제했는데 자본가는 합의를 어겨 투자하지 않고 이익배당을 챙겨버린다. 둘째, 장기간 지속되어야 할 투자를 일단 시작했는데 노동자 측이 임금인상 요구를 강행하여 노동자의 몫을 키운다. 셋째, 양측이 모두 합의를 지키지 않는다. 그래서 저투자 · 저성장의 비협조적 균형, 즉 소위 '죄수의 딜레마'에 빠질 수도 있다.

제2차 세계대전 이후에는 협조균형을 촉진할 메커니즘, 즉 장기계약, 노사정 협의체 구성, 임금과 물가통제, 임금협상의 중앙집권화 등의 여건이 갖춰졌다. 당시에 이루어졌던 구체적인 노사협조 사례를 들어보자. 첫째, 정보의 확산과 합의가 준수되는지의 여부를 감독하기 위해 독일에서 공동결정제도Mitbestimmung, 오스트리아와 네덜란드에서 노사정위원회, 기타 나라들에서 노사협의회works council 등이 작동했다. 둘째, 본딩bonding, 즉 협약을 위반하면 상실하게 되는 본드bonds 조성이 있었다. 오스트리아에서 원자재를 공기업에서 공급한다거나 보복과세를 도입하는 것, 독일의 정부보조금, 독일과 스웨덴의 이윤세 혹은 이윤의 일정부분을 정부에 예치하게 하는 조치, 벨기에의 조건부 사회보장제, 노르웨이와 스웨덴의 노동조건 개선, 교육훈련, 각종 연금제도, 연금의 물가연동제 등이 본드 조성의 대표적 예들이다. 셋째, 협약의 중앙화와 코포라티즘corporatism 등 조절 메커니즘도 있었다. 세계화가 진행되면서 직접투자나 아웃소싱 등이 늘면 이와 같은 협조균형 메커니즘의 유효성은 감소할 것이다.

장기 호황이 가능했던 것은 이 밖에도 탄력적 노동공급이 이윤율을 높였고 따라서 투자율이 높게 유지될 수 있었기 때문으로 설명되기도 한다. 1950년 이후 구미 각국에서는 노동의 대규모 투입이 가능해졌다. 인구의 자연증가율과 여성의 노동력 참여율(미국, 네덜란드)이 높아졌고, 노동이 농업에서 공업과 서비스 부문으로 대거 이동했으며(독일, 프랑스, 이탈리아), 이민의 유입(미국, 독일, 프랑스, 스위스)이 활발해지는 등으로 노동공급이 늘었기 때문이다. 한편, 노동공급이 가속되지 않은 영국, 벨기에, 스칸디나비아 나라들은 성장속도가 상대적으로 느렸다. 이는 요즈음 중국과 인도의 고성장을 설명하는 요인 가운데 하나일 것이다.

1990년대 후반부터 2000년까지 미국의 생산성(노동생산성과 TFP)이 급격히 상승했고 이것이 신경제 장기파동의 효과가 가시적으로 나타나기 시작했음을 보여준다는 것이 신경제 옹호론자의 주장이다. 하지만 2001년 이후의 성과는 그다지 낙관적이지 않다. 신경제가 언제 어느 정도로 꽃을 피울지는 예측불가다. 그러나 과거의 진보에 관심을 두지 않는 사회는 미래의 진보능력에 대한 믿음도 곧 잃을 것이다.

제26장 · · ·

세계화 — 상품시장 통합

1차 세계화, 2차 세계화

요즘 세계화globalization라는 말이 자주 쓰인다. 세계화에 반대하는 시위 소식도 빈번하다. 세계화라는 말 자체가 최근에 학술용어로 정착하는 중인 만큼 아직 혼란을 일으킬 가능성이 많은 개념이지만 이를 경제사적으로 간단히 살펴보자.

경제적으로 볼 때 세계화란 '상품시장과 요소(자본, 노동)시장이 밀접하게 국제적으로 통합되는 과정'이다. 세계적인 시장통합 현상은 16세기에 대서양 연안 나라들 간에, 또한 이들과 아시아 나라들 간에 있었다. 그러나 그때는 교역상품이 사치품에 국한되었으며 19세기 이전까지도 '가격수렴' 현상이 나타나지 않았다.

요즘 말하는 세계화가 처음 분출한 것은 19세기 후반의 일이다(1차 세계화). 이후 제1차 세계대전, 대공황, 제2차 세계대전을 포함한 반세기 동안 세계화가 후퇴하고 경제전쟁, 무역장벽, 이민제한, 자본통제, 민족주의가 득세했다. 이제 20세기 후반부터 2차 세계화가 확산되고 있다.

상품시장 통합의 정도는 GDP 대비 무역(수출+수입)량의 비율로 측정할 수 있다. 이 비율은 19세기 후반에, 다시 20세기 후반에 급속히 증가했다. 19세기에는 증기선 발달, 수에즈 운하 개통, 철도건설 붐, 냉장기술 진보 등에 힘입어 운송비가 줄었다. 정치적 · 제도적 근간, 즉 무역정책, 재산권의 안전성, 계약이행, 안정적이고 예측이 가능한 통화 및 재정정책, 국제통화제도 등도 마련되었다. 한 마디로 세계무역이 이루어질, 상대적으로 안전한 환경이 19세기에 정착되었으며 시장통합은 시장이 발달해야지만 가능하다.

19세기에 영국은 무역정책 면에서 영국 곡물법Corn laws 폐지(1846), 영불 무역협정Cobden Chevalier Treaty(1860) 등을 추진하여 중상주의에서 자유무역 기조로 이행할 계기를 마련했다. 그러나 이렇게 무역장벽이 잠시 낮춰진 상황이 낸 효과는 그리 크지 않았을 것이다. 미국이 1860년대, 유럽 대륙이 1870년대 후반부터 보호주의로 향했기 때문이다. 자유무역 정책이 오래 유지된 영국과 네덜란드를 예외로 하면 유럽에서 1860년대~1870년대 전반 정도가 자유무역이 통용된 시기였을 뿐, 역사적으로 자유무역은 보호주의 흐름 속에서 나타난 예외적인 조류였다. 경제를 개방할 의무는 식민지나 주변부 국가에게만 강제로 부과되었는데 이들 나라는 자유무역의 수혜자라기보다는 개방을 강요당하면서 탈공업화 과정을 겪었다. 요컨대 19세기에는 상품시장 통합으로 중심-주변부 관계가 더욱 공고해진 면이 있었다.

20세기에는 19세기에 비해 항공운송비가 크게 줄었는데도 교통비가 감소하는 속도도 느렸고 이것이 상품시장 통합에 기여하는 정도도 작았다. 무역이 성장한 주요인은 관세와 비관세 장벽이 낮아지고 정보소통이 원활해졌기 때문이다. GATT의 최혜국 대우 조항, 제네바 회의부터 우루과이 라운드까지 수차례의 다자간 협상 등으로 무역 자유화가 확대되고 세계의 무역량도 크게 늘었다. 교역 당사국들의 경제규모가 비슷해진 것도 20세기에 무역이 성장한 요인이었다. 교역상품의 구성도 변했다. 1차 산품 비중이 19세기에 64%였으나 20세기에는 18%로 줄었다. 또한 1970년대부터는 외부조달 같은 방식으로 산업 내 무역이 급성장했으며 시장통합이 훨씬 더 높은 수준으로, 빠른 속도로 이루어지고 있다.

상품시장이 통합될 때에는 그 과정에서 이로 인해 피해를 보는 집단이 생기게 마련이다. 개인소득의 불평등도가 19세기에는 급속히, 20세기에는 완만히 높아졌다. 일반적으로 요소가격의 변화는 소득 분배, 즉 국가 내 불평등과 국가 간 불평등에 직접적인 영향을 미친다. 국가 내에서 임금-지대 비율이 균등화되면 신세계의 임금이 하락하고 구세계의 임금이 상승한다. 이에 따라 19세기의 세계화는 신세계의 불평등을 악화시키고 구세계의 불평등을 감소시켰다. 20세기 말에는 부유한 나라의 상대적 임금이 저개발국의 임금 수준으로 하락하는 추세를 보였다. 이것은 선진공업국에서 불평등이 심화되고 저개발국의 불평등이 완화된 것을 의미한다.

미국 같은 부유한 선진국에서 미숙련 노동자의 소득은 세계화가 진행됨에 따라 감소하고 국가 내 불평등이 커져갔다. 이러한 불평등을 심화시킨 요인들로는 실질임금의 균등화, 미숙련 노동집약적인 수입상품과의 경쟁, 이민 쿼터가 폐지된 1960년대 이후 미숙련 노동자의 국내유입, 아웃소싱, 노동절약적 기술진보 등을 꼽을 수 있다. 이 가운데 기술진보가 불평등 심화의 가장 큰 요인이었다. 저개발국 가운데 세계화에 동참한 국가들의 불평등은 감소했다. 하지만 세계화가 19~20세기의 모든 국가(선진국, 세계화에 동참한 저개발국, 불참한 저개발국) 내 불평등도에 미친 순효과는 분명하지 않다.

세계화와 국가 간 불평등도는 어떠한 함수관계인가? 장기적으로 국가 간 1인당 소득격차가 커지는 가운데 1980년 무렵 이후 20년간 그 속도는 눈에 띄게 줄었다. 세계화에 따른 무역, 이민, 자본이동 등이 국가 간 불평등도에 미치는 영향은 장기균형을 생각하면 요소가격 균등화로 국가 간 임금격차를 감소시킨다. 하지만 저개발국의 숙련 프리미엄이 낮아지면 인적 자본투자가 감소하므로 성장률이 하락하여 국가 간 불평등이 심화된다. 숙련도의 비용이 싼 저개발국에 기술진보와 유인을 제공하여 이곳의 성장이 촉진되면 국가 간 불평등은 감소한다.

국가 간 불평등이 증가하는 일은 세계화 때문이 아니라 단지 선진국의 성장속도가 빠르기 때문에, 혹은 세계화에 불참한 나라들이 뒤떨어지기 때문에 발생할 수 있다. 불평등의 가장 중요한 요인으로 국가 간 기술진보의 격차가 꼽히며 국가 간 소득 수렴을 이루는 주요인은 기술이전이다.

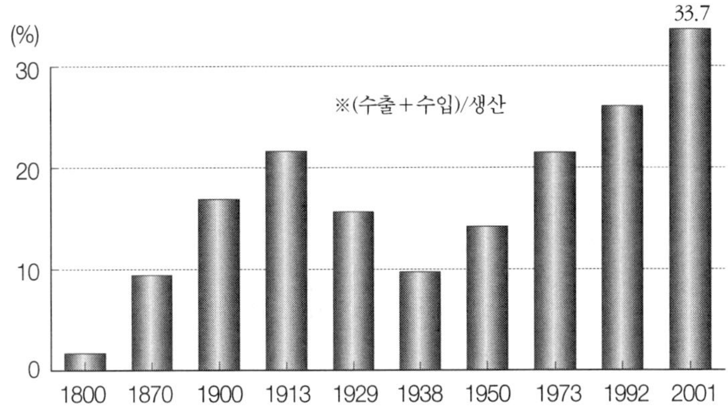

자료: Taylor(2002)

〈그림 16〉 1800년 이후 GDP 대비 국제무역

일반적으로 무역이 이루어지면 수입대체 부문과 희소 생산요소, 달리 보면 우물안 개구리 부문의 손실이 발생한다. 이와 연루된 집단의 반발이 쌓이다 보면 세계화가 후퇴할 수 있다.

이미 1880년대 말에 1차 세계화의 후퇴조짐이 있었다. 세계화의 역학 속에는 이를 파괴시킬 씨앗도 함께 잉태되어 있다고나 할까. 오늘날 시장통합은 100년 전 수준과 비슷하거나 더 강력히 이루어지고 있지만 세계화가 후퇴할 심각한 징조가 아직은 별로 없다. GDP 중에 교역불가능 품목nontradables의 비율이 커지고, 농업의 비중이 크게 줄고, 손실부문에 대한 보조금 지급이 늘고 있기 때문이다.

1980년대 후반부터 지역주의가 세계화 경제의 원만한 운행을 위협하고 있다. 다자주의의 열렬한 지지자였던 미국이 1980년대 중엽 이후 지역주의 추세의 선봉이 되었다. 미국은 캐나다, 멕시코와 NAFTA를 만들었으며 라틴아메리카와 전 미주 자유무역지역 협상을 준비하고 있다. EU도 회원국을 계속 늘리며 단일 통화를 도입했다. 다른 지역에서도 방어 블록을 형성하는 형태로 지역주의가 고개를 들고 있다.

인근에 있지 않은 나라끼리의 협정도 늘면서 2005년 말 현재 발효 중인 FTA는 186개이다. WTO와 도하개발아젠다도 지역주의 때문에 기대했던 성과를 내지 못하고 있다. 지역화된 세계경제는 많은 저개발국을 배제하고 그들의 경제발전을 저해하거나 지연시킬 것이다. 지역주의는 또한 비회원국과의 무역을 중단시키고 회원국으로 무역전환trade diversion 및 투자전환을 초래하여 경제적 효율을 달성하는 일을 방해한다. 회원국 간 경제력 차이가 큰 나라들이 지역통합을 이루면 그에 근거한 강대국의 약소국 지배 및 착취 가능성도 배제할 수 없다.

우리나라도 칠레, 싱가포르에 이어 미국 등과 여러 FTA 협상을 추진했거나 하는 중이다. 세계화가 주춤하고 지역주의가 대세라면 그 추세에 따를 수밖에 없겠지만 단기적인 이득과 장기적인 세계의 후생을 저울질해 봄직하다. 성장과 번영은 다자간 무역, 국제금융 협력이 존재하는 시기에 있다. 반대로 쌍무무역, 갈등적인 통화지역 등이 난무할 때에는 찾아오지 않는다.

제27장 • • •

금융세계화와 국제자본이동

19세기부터 국제자본이동 본격화

금융세계화 역시 진퇴완급이 있었으나 기술진보와 제도변화의 흐름을 타고 19세기 말, 20세기 후반에 급속히 진행되었다. 상품시장과 마찬가지로 자본시장 통합의 정도도 GDP 대비 국제투자의 비율 또는 수익률의 수렴으로 측정할 수 있다. 이 수치는 19세기 말에 매우 컸고 다음 시기는 그보다 낮았다. 자본이동의 구성도 달라져 1930년대 이전에는 채권금융, 1970년대에는 은행대부, 1990년대에는 주식투자 방식이었으며 해외직접투자FDI 비중이 꾸준히 커졌다.

1차 세계화 시기인 19세기에 일어난 자본이동은 워낙 대량이었던 탓에 1980년대에도 해외투자율은 그 시기의 절반 정도밖에 되지 않았다. 19세기에 국제자본은 주로 영국, 프랑스, 독일에서 미국, 캐나다, 호주,

아르헨티나로 이동했다. 더 가난한 나라에 투자되는 일은 없었다. 더 가난한 나라는 기술수준이 낮아서 임금뿐 아니라 자본수익률도 낮았기 때문이었을 것이다. 당시 해외투자의 규모는 자본 공여국의 국내 총저축의 거의 절반이 될 정도였고 자본 수입국의 외자 의존도는 20세기 후반의 주요 채무국보다 훨씬 더 높았다. 당시의 자본은 채권 등의 형태로 주로 SOC나 정부 부문에 투자되었다.

이에 비해 20세기에는 직접투자의 비중이 늘었다. 이는 대개 기술이전을 수반하므로 소득수준이 수렴하는 데 일조했을 것이다. 또한 1914년에 미국 FDI의 40% 이상이 광업과 석유 부문인 데 비해 20세기에는 서비스 부문의 투자가 늘었다. 예를 들어 미국 FDI의 50% 이상이 은행, 금융, 보험, 유통, 에너지, 정보통신 부문에서 이루어졌다. 이것은 상품시장뿐 아니라 서비스 시장에서도 국제경쟁이 심화되었음을 뜻한다.

전간기(1914~1945)에 국제자본시장이 와해된 기간을 제외하고 자본이동은 귀금속 운송비용의 하락, 통신기술과 보험, 기타 금융기관 등이 발달한 덕분에 지속적으로 촉진되었다. 또한 정보 비대칭성이나 계약의 문제, 거시경제적 위험 등도 차차 줄었다. 적절한 회계기준도 광범하게 채택되었으며 중앙은행 간 협력도 향상되었다. 자본이동은 주로 선진국 간에 이루어지면서 저개발국으로는 덜 향했다. 2000년 이후에는 심지어 역방향의 흐름도 있다.

이자율도 자본시장 통합의 정도를 판단하는 좋은 척도가 될 수 있다. 이자율은 19세기 말에 낮았고, 다시 20세기 말에 낮은 수준에서 안정적이다. 외환 리스크를 감안한 명목이자율은 미국, 영국, 독일 간에 1880

19세기 당시 런던
증권거래소의 모습

년대~1910년대까지, 그리고 1980년대 이후 비슷한 수준으로 수렴했다. 자본시장이 호황일 때 시장은 더욱 통합되는 경향이 있다. 1872~1927년의 자본시장 통합의 정도는 훗날 다시 시장통합의 정도가 높아진 1970년대 이후보다 더 높았다. 이에 관해서는 국제통화제도(즉, 금본위제인가 혹은 변동환율제인가 등등)에 따라 달라지는 측면도 고려할 수 있다.

자본시장의 통합은 금융위기의 빈도와 강도, 전염성에 영향을 미친다. 19세기 말 1차 세계화 때에는 통화위기가 더 오래 지속되었다. 금융시장과 금융제도가 미성숙했기 때문이다. 1970년대 후반 이후 위기는 종종 통화와 은행 동시위기twin crisis의 형태를 띠었으나 위기의 강도는 낮았다. 다시 말해 실물생산의 손실이 심하지 않고 회복도 빨랐다.

금융세계화는 자본비용 절감, 기술이전 촉진, 금융 다각화, 위험 분산 등의 효과를 낸다. 시장규율과 경쟁논리를 작동시켜 거시정책과 제도를 개선함으로써 국내금융도 발전시킨다. 국제자본시장에서 돈을 가장 효율적으로 배분한다. 궁극적으로 자본시장의 통합이 세계 각국의 성장과 안정에 기여할 것이라는 논리다.

그러나 실제로 이를 입증하기 위한 실증분석들로서 특히 저개발국에서는 뚜렷한 것이 확인되지 않는다. 다시 말해 일정수준 이상으로 금융환경이 조성되어야 금융세계화의 이점을 누릴 수 있다는 것이다. 또한 자본이동성이 커지면 일반적으로 소규모 경제에 불리했다. 자본이동이 이들의 거시정책 수행범위를 선진국보다 훨씬 좁게 제한하기 때문이다. 따라서 금융제도가 발달되지 않은 나라는 단기 자본이동을 규제할 필요가 있었다. 이 우려들이 세계화 반대운동의 근거, 세계화 후퇴의 기폭제가 될 수도 있다. 그러나 고도로 발달하는 정보통신기술 때문에 자본을 통제한다는 일도 점점 어려워지고 있다.

여러 나라의 기업을 대상으로 한 분석에서 그동안 외국인 소유가 허

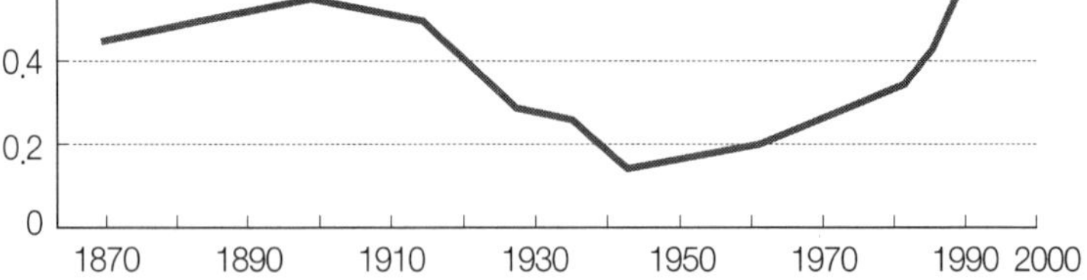

자료: 국제통화기금

〈그림 17〉 전세계 GDP 대비 대외자산

용된 상장회사는 주가가 상승하고 자본비용이 하락한 것으로 나타났다. 칠레에서는 금융세계화의 혜택을 많이 받던 상장 소기업들의 투자 활동이 자본유입세 부과기간(1991~1998)에 위축되었다. 1997년 아시아 외환위기 때 자본통제를 실시한 말레이시아의 당시 주가를 분석했더니 위기 당시에 정치와 유착된 기업들의 주가가 폭락했다가 자본통제를 실시한 후 그 기업들의 주가만 올랐다. 즉, 자본통제가 주식시장의 효율을 떨어뜨린 것이다.

따라서 제도와 정책 여건이 열악한 금융 저개발국은 시기와 순서를 적절히 조절해가며 세계화된 자본시장에 통합되는 편이 자본통제를 엄격히 유지하는 것보다 득이 된다는 연구 결과에 주목할 필요가 있다. 다시 말해 작은 나라일수록 큰 시장에 편입됨으로써 다각화를 통해 위험을 분산하고 규모의 경제를 누릴 수 있다는 것이다. 자본시장 개방은 FDI, 채권, 주식, 은행차입 순으로 하는 것이 바람직하다. 이 순서를 지키지 않은 것도 우리나라가 외환위기를 맞은 원인 가운데 하나다.

한편, 경상수지 자체가 곧 자본이동의 척도가 될 수 있다. 오늘날 미국 경상수지 적자는 매년 7천억 달러다(GDP의 거의 6%). 달러의 태환정지(1971)와 평가절하 이후, 달러가 공식적으로는 국제화폐로서의 지위를 상실했는데도 달러의 영향력은 아직 유지된다. 세계화가 확산되면서 세계경제에 새로 통합되는 주변국이 계속 늘고 이들이 달러자산 보유를 증가시키고 있기 때문이다. 이 자체가 자본이동의 한 형태이다. 이들이 보유한 달러자산의 가치하락을 막기 위해 미국 재정증권 등 달러표시 자산을 계속 구입할 것이므로 당분간 별 문제가 없으리라는 견해들이 있다.

하지만 지난 50년간 세계경제에 편입된 국가들은 매우 이질적이며 서로 협력할 제도도 마련되어 있지 않다. 달러의 태환성이 결여되어 있으므로 미국 외의 중앙은행들이 정책 일관성을 유지하기도 그만큼 어렵다. 자본통제가 제거된 상황에서는 민간 금융거래를 규제하기도 곤란하다. 외환시장에 개입하는 비용도 커진다. 특히 오일달러 등은 통제 불능이다.

역사적으로 외환보유에 쓰이는 국제화폐는 한 나라가 독점하지 않았다. 실례로서 1913년 말 공적 외화자산 보유 화폐의 비중은 파운드 스털링 48%, 프랑 31%, 마르크 15%였다. 가까운 시일 내에 달러와 유로가 이 역할을 공유할 것으로 예상된다.

우리나라는 세계 5위의 달러 보유국이다. 원화가치의 상승이 수출업자에게 골칫거리듯이 달러가치의 하락은 외환당국, 나아가서는 국민 전체가 고민해야 할 사안이다.

참고문헌

각 글의 기초는 대부분 필자의 강의노트(http://dyang.eccol.net)와 논문집 『미국 경제사 탐구』(서울대학교출판부, 1994), 『20세기 경제사』(일조각, 2006)에서 찾을 수 있다. 기타 특기할 만한 참고문헌과 도표의 출처는 다음과 같다.

제1장 기계시계와 시간

David S. Landes, *Revolution in Time: Clocks and the Making of the Modern World*, Harvard University Press, 1983.

E. P. Thompson, "Time, Work-Discipline and Industrial Capitalism," *Past and Present* 38, 1967, pp.56-97.

제2장 가격혁명과 물가의 역사

Davis Fischer, *The Great Wave: Price Revolution and the Rhythm of History*, Oxford University Press, 1996.

제3장 절대왕정 / 제4장 동유럽의 절대왕정

Immanuel Wallerstein, *The Modern World System, Vol. I, Capitalist Agriculture and the Origins of the European World Economy in the Sixteenth Century*, Academic Press, 1974.

Parry Anderson, *Lineages of the Absolutist State*, NLB, 1974.

Fernand Braudel, *The Material Civilization and Capitalism*, vol.3, English trans., Harper and Row, 1981.

제5장 과학혁명

Alexandre Koyré, *Newtonian Studies*, University of Chicago Press, 1965.
김영식, 『과학혁명: 근대과학의 출현과 그 배경』, 민음사, 1984.

제6장 계몽주의의 경제사

Joel Mokyr, "The Intellectual Origins of Modern Economic Growth," *Journal of Economic History* 65, June 2005, pp.285-351.
_________, *The Gifts of Athena: Historical Origins of the Knowledge Economy*, Princeton University Press, 2002.

제7장 영국 산업혁명 시기의 기술진보

Joel Mokyr, *The Lever of Riches: Technological Creativity and Economic Progress*, Oxford University Press, 1990.

제8장 영국 산업혁명의 노동공급

D. A. Reid, "The Decline of St. Monday, 1766-1876," *Past and Present* 71, 1976, pp.76-101.
_________, "Weddings, Weekdays, Work and Leisure in Urban England, 1791-1911: The Decline of Saint Monday Revisited," *Past and Present* 153, 1996, pp.135-163.
Hans-Joachim Voth, "The Longest Years: New Estimates of Labor Input in England, 1760-1830," *Journal of Economic History* 61, 2001, pp.1065-1082.

제9장 영국 산업혁명과 아동 · 여성노동

양동휴, 「아동노동과 영국의 산업혁명」, 『미국 경제사 탐구』 제11장, 서울대학교출판부, 1994.

제10장 산업혁명의 확산

Paul Bairoch, *Economics and World History: Myths and Paradoxes*, University of Chicago Press, 1993.

제11장 생활수준과 키의 역사

Sunyoung Pak, "The biological standard of living in the two Koreas," *Economics and Human Biology* 2, 2004, pp.511-521.

Richard Steckel and Jerome Rose(eds.), *The Backbone of History: Health and Nutrition in the Western Hemisphere*, Cambridge University Press, 2002.

제12장 미국 동북부의 초기공업화

Peter Temin(ed.), *Engines of Enterprise: An Economic History of New England*, Harvard University Press, 2000.

양동휴, 「미국 남부경제의 발전, 1840-1860」, 『미국 경제사 탐구』 제1장, 서울대학교출판부, 1994.

제13장 프랑스, 독일의 공업화와 제도개혁

Alexander Gerschenkron, *Economic Backwardness in Historical Perspective*, Harvard University Press, 1962.

제14장 러시아의 공업화

Alexander Gerschenkron, "Russia: Patterns and Problems of Economic Development, 1861-1958," in *Economic Backwardness in Historical Perspective*.

제15장 대기업의 형성: 미국

Alfred D. Chandler, Jr., *The Visible Hand: The Managerial Revolution in American Business*, Harvard University Press, 1977.

제16장 **대기업의 형성: 독일과 일본**

Alfred D. Chandler, Jr., *Scale and Scope: The Dynamics of Industrial Capitalism*, Harvard University Press, 1990.

제17장 **영국의 기업**

Michael Edelstein, *Overseas Investment in the Age of High Imperialism: The United Kingdom, 1850-1914*, Columbia University Press, 1982.

제18장 **금융제도 비교사: 영국 · 프랑스 · 독일 /**
제19장 **금융제도 비교사: 미국 · 일본**

Franklin Allen and Douglas Gale, *Comparing Financial Systems*, MIT Press, 2001.

Eugene White, *The Regulation and Reform of the American Banking System, 1900-1929*, Princeton University Press, 1983.

제20장 **전간기**

Charles H. Feinstein, Peter Temin and Gianni Toniolo, *The European Economy Between the Wars*, Oxford University Press, 1997.

Peter Temin, "The Great Depression," in *Cambridge Economic History of the United States*, Vol.Ⅲ, Cambridge University Press, 2000, pp.301-328.

제21장 **뉴딜의 금융개혁 /** 제22장 **뉴딜의 산업통제와 구호정책**

양동휴, 「뉴딜 경제정책의 공과」, 『20세기 경제사』 제4장, 일조각, 2006.

Jim F. Couch and William F. Shugart, *The Political Economy of the New Deal*, Edward Elger, 1998.

제23장 **혁명 이후의 소련경제**

Alec Nove, *An Economic History of the U.S.S.R. 1917-1991*, last edition, Penguin Books, 1992.

Peter Temin and Simon Johnson, "The Macroeconomics of NEP," *Economic History Review* 46, November 1993, pp.750-767.

Angus Maddison, *The World Economy: A Millennial Perspective*, OECD, 2001.

제24장 마셜플랜

양동휴, 「마셜플랜의 경제적 성과와 의의」, 『20세기 경제사』 제5장, 일조각, 2006.
Mutual Security Agency, *Procurement Authorizations and Allotments*, Division of Statistics and Reports, 1953.

제25장 자본주의의 황금기

Robert J. Gordon, "U.S. Economic Growth Since 1879: One Big Wave?" *American Economic Review* 89, May 1999.
N.F.R. Crafts and G. Toniolo(eds.), *Economic Growth in Europe since 1945*, Cambridge University Press, 1996.
Peter Temin, "The Golden Age of European growth reconsidered," *European Review of Economic History* 6, April 2002, pp.3-22.

제26장 세계화—상품시장 통합

Alan M. Taylor, "Globalization, Trade and Development: Some Lessons from History," NBER Working Paper 9326, November 2002.

제27장 금융세계화와 국제자본이동

Maurice Obstfeld and Alan M. Taylor, *Global Capital Markets: Integration, Crisis and Growth*, Cambridge University Press, 2004.
양동휴, 「금융세계화와 국제자본이동: 역사적 · 경험적 개관」, 『경제논집』 44, 2005.12.

찾아보기

[ㅂ]

[ㅇ]

[ㅈ]

양동휴의 경제사 산책

1판 1쇄 펴낸날 2007년 9월 5일
1판 4쇄 펴낸날 2024년 7월 20일

지은이 | 양동휴
펴낸이 | 김시연

펴낸곳 | (주)일조각
등록 | 1953년 9월 3일 제300-1953-1호(구 : 제1-298호)
주소 | 03176 서울시 종로구 경희궁길 39
전화 | 02-734-3545 / 02-733-8811(편집부)
02-733-5430 / 02-733-5431(영업부)
팩스 | 02-735-9994(편집부) / 02-738-5857(영업부)
이메일 | ilchokak@hanmail.net
홈페이지 | www.ilchokak.co.kr

ISBN 978-89-337-0525-4 03320
값 12,000원